The "How to" DRUCKER

A Practicing Manager's
Day-to-Day Guide

われわれはいかに働きどう生きるべきか

ドラッカーが語りかける
毎日の心得、そしてハウツー

P.F.ドラッカー
［述］

上田惇生
［訳］

JN138937

The "How to" DRUCKER:

A Practicing Manager's Day-to-Day Guide

by

Peter F. Drucker

Copyright © 2014 Drucker 1996 Literary Works Trust

This edition is published by arrangement with
Drucker 1996 Literary Works Trust
through Tuttle-Mori Agency, Inc., Tokyo

目次

※本書は、AMACOM（全米マネジメント協会出版部）の企画により1977年に発行された『The "How to" DRUCKER: A Practicing Manager's Day-to-Day Guide』というカセットテープとサブテキストのセットをもとに、その音声起こしとテキストを翻訳し、編集したものです。
※第1章以降はインタビュアーとドラッカー教授の対話形式です。インタビュアーの質問はゴシック体、ドラッカー教授の発言は明朝体で示しています。

はじめに
ドラッカーが、師として、友として、語りかける

ご存じのとおり、ピーター・F・ドラッカーは、マネジメントの世界において並ぶ者のない師ですが、経済、行政、医療、教育のいずれの世界でも、最高の哲人として知られています。著作を読んだことのない人でも、その名は目にしたことがあるでしょう。

しかし、講義を聞いたことのある人、コンサルティングを受けたことのある人は、限られています。ましてや、師や友として接することのできた人は、ごくわずかです。

本書には、師や友としてのドラッカーが登場します。ドラッカーは、あなたに差し上げるものをたくさん持っています。しかも、対話形式ならではの、実践的なアドバイスばかりです。

世界的なグローバル企業から個人商店まで、あるいは企業だけでなく、病院や警察署まで、あるいはトップマネジメントから新米管理職まで、あらゆる種類のマネジャーのお役に立ちます。

マネジャーの仕事とは、行動することです。マネジャーが行なうべきことを行なない、成果をあげるよう行動しなければ、いかなるマネジメントの理論も役に立ちません。

したがって、皆さんにはぜひ、「ドラッカーから必ず何かを教わろう」という気持ちのもとに読み進めていただきたいと思います。

本書の教えのうち、二つでも三つでも、行なうべきだと思ったことがあれば、すぐにメモしてください。そして今日すぐに、手をつけてください。遅くとも、明日の朝までに手をつけてください。

もちろん、本書はマネジャーのみならず、あらゆる種類のスペシャリストのお役にも立つことでしょう。自分自身はもちろんのこと、上司の力、部下の力を最大限に引き出したいと考える、あらゆる人を助けてくれます。

たとえ、インフレや環境問題を解決できるようにならなくても、今日と明日の激動の中にあって、より大きな成果をあげ、より生産的となり、より楽しく仕事に取り組めるようになるはずです。

全米マネジメント協会出版部

訳者まえがき

イズムでなく、サイエンスでなく、実践

ドラッカーとは、現代社会最高の哲人であって、かつマネジメントを生んだマネジメントの父である。一九七〇年代、ＡＭＡＣＯＭ（全米マネジメント協会出版部）が、そのドラッカーに依頼してマネジメントの極意をテープに吹き込んでもらった。本書は、その翻訳であり、書籍化である。

近代合理主義のもと、技能が技術となり、科学が発展し、産業が生まれたものの、資本主義も社会主義も、その果実を実らせることができなかった時、ドラッカーがマネジメントを生み、育てた。

ドラッカーは、マネジメントとはイズムでなく、サイエンスでなく、実践で

ある、と何度も説いた。ＡＭＡＣＯＭの依頼に応えたドラッカーが、あえてタイトルをハウツーとした心を、われわれは、われわれのものにしなければならないと思う。

マネジメントとは高次の世界観と痛烈な問題意識に発し、世の中と人の生活をよりよいものにするための道具である。当然、そこにはハウツーがある。

本書が組織に働く一人ひとりのお役に立てば、書籍化に取り組んだ編訳者として大きな喜びである。

上田　惇生

二〇一六年一二月

第1章

仕事で成果をあげる

What Is Effective Performance?

The "How to" DRUCKER

習慣としたい〝六つ〟の能力

――成果をあげるには何が必要でしょうか。繰り返しによって習慣化することが大切だと指摘されていますね。


成果をあげるには、いくつかの習慣的な能力を身につけなければなりません。

第一が、時間をマネジメントすることです。

第二が、貢献に焦点を合わせることです。

第三が、強みを築くことです。

第四が、重要なことに集中することです。

第五が、的確に意思決定を行なうことです。

私はこれらのことを『**経営者の条件**』[1]で指摘しました。

それから一〇年以上が経ち、[2]少し考えが変わりました。重要性のウエイトが若干変わったのです。また、項目も一つ増えて、五つから六つになりました。

1 原題は*The Effective Executive*。一九六六年に刊行された（邦訳最新版は『経営者の条件』上田惇生訳、ダイヤモンド社、二〇〇六年）。経営者のみならず、部や課、チームを率いる人すべてに役立つ定番書ということもあり、ドラッカー名著集の中で最もよく読まれている。

第六が、成果を評価することです。自ら目標を立て、自らを評価することです。

これらが、成果をあげるための鍵となる六つの習慣的な能力です。

――それでは、時間のマネジメントから順にうかがいましょう。

2 このインタビューが収録された一九七〇年代には、ゼネラルモーターズ（GM）に招かれて以降、三〇年にわたるコンサルティング経験を集積した一大著作 *Management: Tasks, Responsibilities, Practices* が上梓されている（邦訳は『マネジメント〈上・中・下〉』上田惇生訳、ダイヤモンド社、二〇〇八年）。

時間が最大の資源

時間が最大の資源であることは、あらゆるマネジャーが知っています。しかもマネジャーになった途端に、自分の時間は自分のものではなくなったことを痛感します。誰もが、マネジャーの時間を持ち去ることができます。事実、そうして誰もが、マネジャーの時間を奪っていくのです。

そのうえ、奪われた時間が、自身の仕事には何の役にも立っていないことを悟ります。

残念ながら、そのような状況から解放される見込みはありません。

重要な得意先が電話をかけてきて、急ぎでもない話に長々と付き合わされているる間、相槌を打たないわけにはいきません。上司が設定した会議は、たとえあくびを飲み込んでいても、中座するわけにはいかないのです。

まとまった時間をつくる

ところが重要な仕事のほとんどが、かなりまとまった時間を投じなければならないということを知っているマネジャーは、そう多くありません。

たとえば企画書がそうです。本格的なものともなれば、一次稿の前段階のゼロ次稿をまとめるのに五時間、つまり三〇〇分を要します。ただし、一日一〇分をひと月かけても、出来上がるのは何の役にも立たない、いたずら書きのようなものにすぎないでしょう。

電話を切り、中断することなく腰をすえて五時間六時間を割いて初めて、ゼロ次稿を手にすることができるのです。

一〇分二〇分という時間が意味をなすのは、ゼロ次稿が出来上がってからのことです。

同じことは、意思決定についても言えます。一度に使う時間が一〇分では、どれだけ時間を使っても正しい決定は下せません。とりわけ人事には、中断することのないまとまった時間が必要です。

顧客との打ち合わせも同様です。個別の問題解決にとどまることなく、協力関係や信頼関係をつくり上げるには、一時間二時間、あるいは三時間を必要とします。

つまり、マネジャーの仕事というものは、中断されることのない連続した時間を要求するものなのです。

したがって、マネジャーとして成果をあげるには、それぞれの仕事が要求する時間の大きさを知り、時間をマネジメントして、時間のかたまりを捻出しなければなりません。

そのためには、早起きをして、三時間働くことも必要です。大変でしょうが、疲れきって夜遅くまで働くよりはましです。そもそも、夜の時間は家族や自身のためにあります。

時間を記録する

時間のかたまりをつくるには、まず、時間の浪費を招いているものを識別することです。時にはそれらすべてを廃棄して、どうしても必要なものだけを復活させるという荒療治も求められます。

実際に時間がどのように使われているかを知らないままでは、マネジメントすることなどできません。そこで、**時間の記録**[3]が必要となります。

とはいえ、常時記録を取るまではしなくてもよいでしょう。他のあらゆるこ

3 ドラッカー自身、半年に一度まとまった時間をとり、なすべきことを考えていた。時間管理の方法は人それぞれだが、手帳やカレンダー機能を活用したり、また一例としては『実践するドラッカー［行動編］』巻末付録「時間管理シート」が参考になる（上田惇生監修、佐藤等編著、ダイヤモンド社、二〇一〇年）。

と同じく、サンプリングで十分です。半年ごとに、二週間ほどの記録を取れば、必要かつ十分と言えます。

「何によって報酬を得ているか」

目標やゴールを考えるために時間を使いなさい、という類のアドバイスは、あまり意味がありません。実は、目標の設定そのものには、それほど時間はかからないからです。

ただし、目標達成に要する仕事について考える前に、目標を設定しておかなければなりません。このごく当たり前のことが、あまり認識されていないのが現状です。

最近はやりの**目標管理**[4]プログラム、とくにアメリカの政府機関で行なわれている目標管理プログラムの最大の問題点は、目標を所与のものとして、性急に

4 ドラッカーは目標は組織や上の人間が与えるものではなく、自ら動機づけ管理すべきものとしている（自己目標管理）。一九五四年の*The Practice of Management*で明らかにした（邦訳は『現代の経営〈上・下〉』上田惇生訳、ダイヤモンド社、二〇〇六年）。

その達成に取り組ませることにあります。致命的に重要なのは、目標だというのに……。

こうした悲劇を避けるには、「何によって報酬を得ているか」という至極《しごく》簡単な問いからスタートする必要があります。

ところが、この問いにまともに答えられる人の少なさには、いつも驚かされます。よくよく聞いてみれば、結局のところ、「私は忙しい」ということしか言っていないような答えであったり、「部下が何百人いる」といった類の答えであったりします。

「私の仕事は、トップマネジメントが行なう意思決定について考え、必要な情報を準備することです」と答えられるマネジャーが、いかに少ないことか。

それこそ、経理部長が目標とすべきことです。経理部長が報酬を得ているのは、そのような仕事をするためであり、「各地に総勢四〇〇人の経理担当者を抱えているから」ではありません。

同様に、「私の仕事は、顧客が重視しているものを知り、製品にそれらのものが反映されるようにすることです」という答えも、ほとんど耳にすることがありません。しかし、それこそが品質管理部長の仕事です。

誰もが、手足を動かす仕事にとらわれています。それはそれでかまいません。仕事は大変なものですし、エネルギーも費やします。ところが、仕事の目標となると、誰もが自明のものとしてろくに考えもせず、曖昧なまま放置しているのです。

「いかに」よりも「何を」を考える

したがって、まず行なうべきことは、会社や事業部が、自分の部局に期待している**貢献**[5]は何であるかについて、正面から向き合うことです。時間は長くなくとも、とにかく考えることです。

これは、答えの分かれるリスキーで難しい問いです。しかし、この問いに真剣に向き合い、考え抜かない限り、目標達成のためと称する手続き的な些事《さじ》ば

5
「貢献」は成果を出すための鍵となる考え方の一つ。どんな組織も世の中や社会で認められて初めて成果をあげたと言える。つまり、個人の成果とは、組織全体の成果にどう貢献したか、である。

かりに時間を取られ、肝心の目標の方は一向に達成されないままでしょう。私の見るところでは、あまりに多くの目標管理プログラムがそのような代物に陥っています。

目標に重点を置いた目標管理プログラムは、実現可能です。一人ひとりのもたらすべき貢献を明らかにし、成果を評価することのできるプログラムです。しかし、そのためにはまず、一人ひとりの部下やグループと、目指すべき成果について話し合わなければなりません。

ところがその過程で、部局の役割、仕事、方向性について、皆の考えが同じでないという、きわめて重要なことが明るみに出てきます。

時間を使うべきは、ここなのです。「いかに」について考えることではありません。残念ながら今日の目標管理プログラムは、「何を」ではなく、「いかに」ばかりを考えています。

「何を」を中心に据えれば、目標管理プログラムはかなり荒っぽいものになるでしょう。もっともらしいプログラムには見えないかもしれません。

しかしそれは確実に、成果をあげるための手段となります。ファイルして忘れられるだけのマニュアルではなく、マネジャーの**役に立つ道具**[6]となるのです。

意思決定で重要なこと

意思決定[7]は、明らかにマネジャーの仕事です。もちろんマネジャーだけに限りませんが、マネジャーが身につけるべき能力であることはたしかです。ただし、意思決定そのものが強調されすぎているところに問題があります。

意思決定そのものは、意思決定プロセスにおいて、比較的易しい部分です。ところが意思決定について述べた本の多くは、意思決定の本当に重要で難しい部分の解決にはあまり役に立ちません。

真に重要なのは、それが**何に関わる問題かを理解する**[8]ことです。しかしその点については、私が一〇年以上前にお話ししていたことに付け加えることはあまりありません。

6 「役に立たなければ意味がない」「理解されない知識には意味がない」というのがドラッカーの口癖だった。

7 ドラッカーは一九五〇年代から意思決定について著している。マネジャーの仕事としての意思決定については、『経営者の条件』に詳しい。

8 問題の理解については三つのステップがあり、問題の分析に際しては四つの基準があるという。『現代の経営〈下〉』に詳しい。

ところが意思決定を行なったあと、つまり決定と行動の間に、もう一つ重要な段階のあることがまだ十分知られていません。

それは、誰が、何を、いつまでに行なわなければならないか、あるいは、（決定のあと行動を変えなければならないがゆえに）決定について知らされなければならないのは誰かについて、徹底して考えることです。

つまり、実際に仕事をしなければならない人たちが仕事をできるようにするには、そもそも仕事をどのように組み立てなければならないかを考えなければならないのです。

私としては、このことを強調したい。何かを決定したら、ちょっと時間を使って、これらのことに注意を払っていただきたい。すぐに指示を出したり、手続きを定めたりしてはなりません。

決定を実行に移すには、誰が何をしなければならないかについて、腰を据えて考える必要があります。また、それらの人にどのような形で決定を伝えるかについても、考える必要があります。

そして、それらのことを知る方法は、常に一つしかないことを心得ておかなければなりません。それは、それらの人のところへ行って、どうしたらよいかを直接聞くことです。

意思決定の結果全体を見ていく

――きちんとやれているかどうかを知るには、どうすればいいのでしょうか。

成果をあげる意思決定そのものは難しくありません。しかし意思決定を行なう者としては、**意思決定がもたらす結果の全体を見る**[9]必要があるのです。

意思決定の結果、何が起こるかを予期することは、すでに意思決定の一部に組み込まれています。結果全体を見ていかなければ、意思決定を行なうことなどできません。

誰もが、自分は成果をあげているかを気にしています。当然でしょう。そう

9 意思決定するだけなら、単にこうしたいという「意図」にすぎない。問題は、実務レベルで実行するところにある。だからこそ、現実と結果を含めて全体を考える必要がある。

でなければ、自らを方向づけることも、位置づけることもできないからです。何が得意で何が不得意かも分からなければ、自分自身に何を期待してよいかも分からないでしょう。

したがって私は、成果をあげるための習慣的な能力の一つとして、意思決定全体を見ていくことの重要性を強調しておきたい。

成果をあげているかを知るには、そもそも目標を設定しておかなければなりません。成果を評価するには、基準とするものを持つ必要があります。そうして自らがいかなる成果をあげているかを、知らなければなりません。

あらゆるマネジャーとスペシャリストに対して、少なくとも年に一度は、自らの目標について徹底的に考えることを要求する――これは組織にとって、初歩的と言ってよいほど当たり前のことと言えます。

こうして自らが目標を確認しなければなりません。同時に彼らの上司、部下、同僚は、彼らが意図しているものを理解し、それらと照らし合わせて成果を評価しなければなりません。

自らの仕事ぶりに関して、上司の評価に依存しているようでは、とうていマネジャーとは言えないでしょう。単なる作業屋です。
マネジャーたる者、目標と基準を設定し、自らの成果を測定、判断、評価する責任を有しています。それゆえに、それらのことは自ら知らなければならないのです。

業績評価面談は嫌がられて当然

――一般に目標管理プログラムには教育訓練的な意味合いがあり、そのため、たいていは業績評価面談が組み込まれています。しかし、評価者側である上司たちのほとんどは面談を嫌っています。

上司たちが業績評価面談を嫌うのには、もっともな理由があります。そもそも今日の業績評価面談は、アプローチの仕方が間違っています。それは仕事上の人間関係の現実に反しているのです。

つまり、二〇世紀初頭の病理心理学の流れを汲んだままであり、精神科医の手法として二つのことを前提にしているからです。

第一に、人の弱み、病い、病理を見つけるためのものになっていることです。第二に、診察室での三〇分間限りの診断と治療のためのものになっていることです。

しかし、現実の組織内の仕事の関係は、その真逆と言えます。業績評価面談は、強みに焦点を合わせるべきものであり、同時に、長期かつ恒久的たるべきものです。

共に働く部下との関係において、今日の業績評価面談は、嫌うべきもの以外の何ものでもありません。

人と人との間に、前向きの関係を築くことなど不可能なものになっています。一方を審問官とし、他方を被告とするだけのものです。人との間に、これ以上に破壊的な関係はありません。

私ははるか昔に、評価すべきは、人ではなく、成果そのものであると知りました。評価すべきは、期待とゴールに照らした成果なのです。

上司と部下のあるべき関係

それでは人の評価はどうするのでしょうか。問題は、何をしたか、です。特定の仕事上の成果はどうだったか、あるいは、特定の期間内での仕事上の成果はどうだったか、です。

その成果において発揮された強みは何だったか。よくできた仕事は何だったか。したがって今後何がよくできるはずか。それらの強みを最大限に引き出すためにはどうしたらよいか。克服すべき弱みは何か。

業績評価を人ではなく成果からスタートさせ、人の評価を強みに焦点を合わせて行なえば、人の弱みを思いわずらう必要はなくなります。業績評価面談を嫌う理由もなくなります。それは前向きの生産的なものとなるからです。

部下との関係も、おのずと強化されるはずです。ある意味、その評価なり面談なりは、部下自身がすでに認識していることの確認にすぎなくなるとも言えるでしょう。

こうして、部下に対し、「業績をまとめてきてほしい」「それについて話し合いたい」と言うこともできるようになります。成果をあげていないことを責めるのではなく、成果をあげることを手助けするようになります。

これこそが、上司と部下のあるべき関係です。つまるところ、**上司の仕事は部下を助けること**[10]なのです。

ですから、今なお病理に焦点を合わせたままの精神科医的な業績評価面談を嫌うマネジャーたちは、むしろ健全な価値観を持ち、健全な本能に従っていると言えます。

しかしそれは、今日の業績評価面談が、成果をあげることではなく成果をあげないことに、人の強みではなく弱みに、健康ではなく病気に、持続的な関係ではなく対立的な関係に焦点を合わせていることを示していることに他なりません。

10 部下や若手を活かすマネジャーの心得については、自己実現を目指す個人に向けて編纂された「はじめて読むドラッカー【自己実現編】」『プロフェッショナルの条件』（上田惇生訳、ダイヤモンド社、二〇〇〇年）にわかりやすくまとめられている。

したがって、業績評価面談を忌避するマネジャーを非難することはできません。非難すべきは、持続的な成果と強みに焦点を合わせるべき仕事上の関係に対し、間違ったアプローチをしている今日の業績評価面談の方なのです。

すでに実現しているところもある

――あなたの言う正しいアプローチによる業績評価面談が一般化すれば理想ですが……。

実は、すでに実現している組織は少なくありません。そのようなところでは、むしろ部下たちが業績評価面談を催促しています。上司から必要な情報を引き出せるからです。

この辺のところは、一〇年前とはだいぶ景色が変わってきています。

マネジャーは成果をあげることで報酬を得る

マネジャーの仕事は、成果をあげることです。そうすることで報酬を得ています。この私の考えは変わりません。事実今日では、ほとんどのマネジャーが仕事の仕方や中身、そして成果に関心を持っています。

また、成果をあげることは才能ではありません。習慣的な能力です。

自分の時間がどのように使われているかを知り、重要な仕事のための時間を確保し、期待されている成果を知り、強みを基盤とし、重要なことに集中し、成果をあげるように意思決定を行ない、成果を評価する、という総合的な能力です。行なうべきことを徹底的に考え、そこに全力を投入することが、マネジャーの仕事なのだと言えます。

マネジャーであるということは、地位でも権力でもありません。部下を持つことでもありません。何に貢献すべきかを知り、何を貢献したかを知ることなのです。

第2章

上司として成果をあげる

The Art Of Being A Good Superior

よき上司がなすべきこととは

――「マネジメントとは〝人を使う〟ことだ[11]」という定義は時代遅れとしても、人のマネジメントが、マネジャーの仕事の一つであることは変わりません。よき上司の条件とは何でしょうか。

よき上司の条件について言いたいことはありませんが、上司として成果をあげるための条件については、いくつか言いたいことがあります。両者はまったく別ものです。

第一に、部下が本来の仕事を行なえるようにすることです。そうなっていない場合、上司自身が邪魔になっていることがほとんどです。

動機づけについては悩む必要はありません。動機づけの方法を知っている人などいないのです。単に、部下が仕事をできるようにしなければ、動機づけは失われるだけです。

11　ドラッカーはその生涯を通じて、「人は操るものではない」と断じていた。

チャンスさえあれば、仕事をバリバリやりたいという人は大勢います。本来の仕事が行なえるようにしさえすれば、ほとんどの場合、部下は成果をあげるものです。

第二に、その部下に期待されている貢献とは何かが分かるようにすることです。つまり、目標、基準、戦略、日程を明らかにすることによって、部下自身が成果に責任を持てるようにすることです。

目標を設定し成果を評価するために、年に一度あるいは二度、部下とともに時間を過ごさなければなりません。二度三度と続けて部下の成果が満足のいくものにならなかった場合、それはコミュニケーションが十分に行なわれていない証拠となります。コミュニケーションを改善し、求めるべきものは求めなければなりません。

第三に、人の育成や配置について、マネジャーとしての責任を果たすことです。それは弱みではなく、強みをもとに行なうべきものです。

強みと弱み

――人の弱みを気にしている組織は、結局のところ平凡なものになるというのは本当でしょうか。

山あれば谷あり。人も、強みがあれば弱みもあります。逆に、弱みがなければ強みもないということです。残念ながら、弱みもない代わりに強みもないという人は、掃いて捨てるほどいます。

必要なことは、強みを見つけ、その強みを発揮させることです。

ものづくりに秀でた人がいたとしましょう。売る力はまったくない。経理の力はもっとない。そのような人が、自らの強みをフルに発揮し、弱みを無視できる程度のものにする。それが組織の役割なのです。

人は誰でも限界を持ち、弱みを抱えています。しかし、それらのものからは何も得ることはできません。いかに動機づけを図ろうとも、それは無益な試みと言えます。

つまり、**上司として成果をあげる**[12]には、部下の一人ひとりの強みを考え抜き、その強みを仕事に適用し、最高の貢献を行なえるようにしなければならないということです。

12 上司は部下の仕事に責任を持つだけでなく、「部下のキャリアを左右する力を持つ」(『経営者の条件』第4章より)。だからこそ上司は、部下が成果をあげやすくするようサポートしなければならない。

動機づけについて分かっていること

動機づけの方法については、依然として分からないままです。分からないものについて何かをすることはできません。

動機づけについて分かっていることといえば、その阻害要因だけです。したがって今、私が関心を持っているのは、それらの阻害要因をどう処理したらよいかです。

ところが、この頃のマネジャーときたら、自分が部下のやる気を削ぐことばかり行なっているという認識に欠けています。

動機づけについてわれわれが知っている唯一のことが、仕事をできなくされれば、動機づけは失われるということです。

組織に働く者は皆、自分が成果をあげることに対して報酬を得ていると知っています。他に理由があるように言ってきかせたところで、口先だけのことと受け取られるのがおちでしょう。他の理由はすべて、まやかしなのです。

人は誰でも、自分に誇りを持ちたい。仕事に誇りを持ちたい。上司にも誇りを持ちたい。会社にも誇りを持ちたい。誰もが、自分が馬鹿にしているようなもののために働きたくはないのです。

「報酬を得ていることのために働いているか」

動機づけなどのために思い悩む必要はありません。仕事をしたくてしょうがない人はたくさんいます。

有能かどうかを判断する唯一の方法、そして働く側が自負心を持てる唯一の方法が、「報酬を得ていることのために働いているか」どうかです。

営業担当者や販売担当者は、売ることによって報酬を得ています。デパートの販売員しかり、ゼネラル・エレクトリック（GE）の原発輸出部門しかり。皆、自分たちが売ることによって報酬を得ていると承知しています。

ところが現実には、彼らの時間の八〇パーセントは、売るという活動の何の足しにもならない書類との格闘に費やされているのです。

なぜ本来の仕事ができなくなっているか、理由はいろいろあるでしょう。もちろんそれは、書類作成に限りません。

看護師の場合、患者のケア以外のことに時間の七五パーセントを取られていたりします。病院には保険事務もあれば会計もあり、患者のケアの邪魔になる原因は、それこそ山のようにあるのです。

研究者も同様です。研究室で研究ができない。化学実験ができない。報酬を得ていることのために働けないのです。

頭で答えを見つけようとしてはならない

したがって、上司としてまず行なうべきことが、報酬を得ていることができるようにすることです。

そのための方法は、ただ一つ。年に二度ほど、部下に尋ねてみることです。「会社や自分が行なっていることのうち、仕事の助けになっていることは何か」、あるいは逆に「邪魔になっていることは何か」と、直接聞いてみることです。

上司として最大の過ちは、「こうであるに違いない」と頭で考えてしまうことです。**頭で答えを見つけようとしてはなりません**[13]。

学校では、自分で答えを見つけて答えようとしてもかまいません。しかしひとたび卒業したら、聞かなければならない。部下に対しても、助けになっていることは何か、邪魔になっていることは何かと、憶測なしに聞き、現実を知ることです。

13 ドラッカーは激動の歴史を生きる中で、「頭でつくり上げた観念」が現実と乖離していること、それが世の中を決してよくしてはいないことを早くから見抜いていた。

その結果、何もできないかもしれません。保険事務など好んでやっている病院はありません。しかし保険事務を行なわなければ、保険組合からの支払いがなされない。だから誰かが行なわなければならないのです。

ただ、そうはいっても、やりようはあるはずです。少なくともやれることはあるはずです。

これがまず初めにすべきことなのです。もはや動機づけの問題に悩まされることはありません。成果をあげたがっている人たちの道から身を引くこと、彼らのエネルギーを解放することです。

これらのことは半世紀以上前に分かっており、何も目新しいことではありません。ところが、ほとんどのマネジャーが、いまだに動機づけの問題を取り上げ、「最近の若い連中には動機づけが欠けている」などと言うのです。

部下たちが仕事できるようにするという、自分たちが行なうべきことを行なっていないという事実は、棚に上げたままで……。

下品な問題提起

――部下なり社員なりが自発的に動機づけられるようにするには、何か目標を与えてやる必要があると思いますが……。彼らに期待すべきことは何でしょうか。

人が自発的に動機づけられるものどうかは、私は知りません。論ずることさえしたくありません。

まったくもって、下品な問題提起です。それはマネジャーたちの責任逃れの議論にすぎません。

――上司や会社が関わるべきことではない、ということですか。

そうです。マネジャーが関わるべきは、あくまで仕事で成果をあげることについてです。

心の中のことは、個としての人間と神様との間のことです。あるいは、精神科医のカルテ止まりのことです。いずれにしても、仕事とは関わりのないことです。

問題は、代金に見合う靴はつくれたか、支払われたものは提供できたか、それだけのことです。動機が仕事上の問題かどうかは、私は知りませんし、見当もつきません。

繰り返しますが、必要なのは上司なり組織なりが、仕事ができるよう助けること、そして邪魔をしないことです。

見合った責任を要求する

もちろん、目標は必要です。しかしそれは、動機づけのためではなく、責任を果たしてもらうためです。

この頃のＭＢＡ（経営学修士）の初任給をご存じですか。彼らには、その高い報酬に見合うだけの責任を要求しなければなりません。

学校を出たばかりの人間に、何の責任も要求せず、今日のような報酬を払うことは間違っています。人を堕落させるものであり、とうてい正当化できないことです。

目標は、責任を持たせ、成果をあげさせるために必要なものです。会社や上司は、組み立てラインで働く者を監督はできても、デパートの販売員を監督することはできません。

監督できない人たちには、自分で仕事をしてもらうしかありません。研究者やサービス・エンジニアもまた、自分で自分を監督しなければならないのです。脇に座って助けることはできても、仕事をするのはあくまでも本人です。誰も監督はできないのです。

だから、目標を持たせなければならないのです。会社や所属する部門が、今後六カ月間、九カ月間、一八カ月間にわたって自分に期待するものについて、本人に考え抜かせることが不可欠です。

時間をかけて話し合って初めて「ジョー、これはあなた自身がやると言ったことだ。どうした」と聞くことができます。

同じことが三回四回と続けば、「何かおかしい。どちらかに誤解があったのかもしれない。約束したと思ったことを、あなたはやらなかった。何か理由があるはずだ」と言うこともできるようになります。

つまり、期待と要求についての、客観的かつ合理的な根拠を示すことができるようになるのです。

——よき上司は第一に、部下が仕事をできるようする、仕事ができる環境をつくる。第二に、部下の強みを考える、ということでしょうか。世に言うトップダウン型のコマンド・アンド・コントロール（指揮統制）とはだいぶ異なりますね。

人には強みと弱みがあるからです。人の持つあらゆる強み、活力、意欲を動員し、全体の能力を伸ばしていくのが**マネジャーの仕事**[14]です。

14 誰も他人を変えることはできない。しかしその強みを伸ばす手助けをすることはできる、というのがドラッカーのスタンス。

マナーは、考えられている以上に重要

人には、身につけることのできるものが三つあります。知識と、スキルと、マナーです。私は、この三つの中では、とりわけマナーの重要性を強調したい。一般に考えられているよりもはるかに重要です。

人間関係で問題とされていることのほとんどは、実はマナーに起因します。適性や性格ではありません。**思いやりさえ、マナーに関わるもの**[15]です。

私の知っているある若手の企業役員は、仕事本位のやり手でした。しかし、社内では思いやりのある優しい人で通っています。これもマナーのおかげです。

この人は、全社員の写真入りの名簿を持っています。そこには、誕生日と結婚記念日と子どもの名前が書いてあります。毎月秘書がその月の社員のリストを用意し、毎日一五分はそれらの人たちへの電話に費やしているのです。

部下は皆、彼ほど思いやりのある上司はいないと思っています。仕事本位の、むしろ冷たい人物です。しかしこの人には、身につけたマナーがあるのです。

15 心の底から思いやりのある人は多くないが、思いやり深く人と接することは可能である。マナーを身につけ、不要な摩擦を防ぐにこしたことはない、と説く。『ドラッカーの実践マネジメント教室』（上田惇生訳、ダイヤモンド社、二〇一四年）に詳しい。

知識とスキルとマナーは、誰でも身につけることができます。そして誰もが相手に要求するものです。

しかも、人の強みは、知識とスキルとマナーがあってこそ発揮されます。そうして実績がつくられていきます。

何が強みかは、実績から知る他はありません。実績によって**所を得る**[16]ようになるしかありません。

成果をあげる組織の秘訣

成果をあげる組織に共通する秘訣があります。そこには二つの、ハウツーと呼べるものがあります。

一つ目は、優れた者に何を担当させるかです。成果をあげることを担当させるのか、それとも難しいこと、挑戦的なことを担当させるのか。

16 「最初の仕事はくじ引きである」とドラッカーはよく言う。当然、合わないこともある。だからこそ、自分の強みを知り、強みが生きる仕事や貢献できる組織を探し、「所を得る」ことが大切である。

残念ながらどの組織でも、有能な人間ほど厄介ごとを担当させられています。

つまり、昨日の問題を担当させられているのです。

しかし、臨終間近の末期がんの患者の延命を図ることほど難しいことはありません。こうしたことは、人命では行なっても、製品や事業では行なってはならないのです。

製品や事業への忠誠は無用です。あくまで重要なのは、それがわれわれに対して何をもたらすか、なのです。

最高の研究者、最高の営業担当者、最高のサービス提供者を、死にいく製品に縛りつけてはなりません。

二つ目は、社員、とくに若手社員に対するキャリア支援です。

今後ますます、入社後数年という二〇代の若者に責任の重い地位を与えることが必要になってくるでしょう。有能な中年の社員が激減するからです。

「わが社のジムはいったい何が得意だろう」

成果をあげる組織は、常に若手社員の強みを考えています。

他方、一八年もマーケティングを担当してきて、仕事に飽きたミドルの社員がいます。このままいってもマーケティング担当副社長にはなれそうもなく、また本人もそこまでの意欲はなさそうです。

私が知っている元気な会社は、強みを生かしたキャリア支援という責任を進んで引き受けています。「うちに優秀な税理士がいるのですが」「証券アナリストがいるのですが」と、いろいろな会社に電話をかけています。

好かれるリーダーシップなどない

――リーダーシップにはいろいろありますが、好かれることは重要でしょうか。


好かれたいなど、情けないことです。敬われることこそ目指さなければならないことです。リーダーとは、範となることです。

一番感化された上司はと聞くと、必ず出てくるのが、自らに厳しく部下に厳しい上司、冷たく怖い上司、最も多くを学べた上司です。一番大事な時に、尻を叩いて、お前らしくないと叱ってくれた人だと言います。

――誰でも尊敬するのは、厳しい上司、厳しい教師ですね。

尊敬することと親しいことは相当に違います。

学生が、キャリアについて何かアドバイスを欲しいとやってきたとしましょう。私からのアドバイスは一つだけです。

「君のことはよく知らないが、模範にしたい人を探しなさい」

親しくなれそうな人を探していては駄目なのです。いずれ必ずうまくいかなくなります。それは仕事中心ではないからです。

スタイルを気にすることの間違い

スタイルという言葉も、私は好きではありません。過大評価されていると思います。

そもそもスタイルなどというものが、意味あるものとして存在しないのです。ジョン・F・ケネディにはスタイルがありました。ダグラス・マッカーサーにもスタイルがありました。しかし両者のスタイルは、まったく異なるものでした。

私がスタイルなるものを嫌いなのは、それが、最もやってはいけないことにつながるからです。マネジャーは他人の真似をしてはなりません。すぐにそれと知れてしまいます。人は騙しとおせるものではありません。

人が好きで、人と仕事をすることが好きなら、それでかまいません。人が苦手で一人で仕事をすることが好きなら、それもかまいません。出来上がった人間関係は長持ちするものになっていることでしょう。

人付き合いが下手で、引っ込み思案でも、それがあなただと、やがて人は分かってくれるはずです。

権力への欲求

――マネジャーには権力が付きものです。付属品としての権力について、何かひと言ありませんか。

権力[17]に関心のない人は、ほとんどいません。権力欲は人間の原罪の一つといってよいと思います。それは人間特有の欲求です。だから、あまり心配することはありません。

もちろん、権力を持つことを嫌う人もいます。そういう人は、マネジャーにはならない方がよいでしょう。コンサルタントが合っています。

人の問題に逃げない

17 ドラッカーは明確に「権力と権限は異なる」とする。マネジメントは権力ではなく責任を持つだけであり、その責任を果たすために権限を必要とする、それだけのことだと断ずる（『マネジメント【エッセンシャル版】』上田惇生編訳、ダイヤモンド社、二〇〇一年）。

人は多種多様です。したがって、マネジャーたる者は、自分たちがポンドいくらの銅ではなく、人間という多様な存在を扱っていることを十二分に認識しておかなければなりません。

とくに傑出した人材、いわゆるスターの扱いについてこのことが言えます。しかし、そのような認識を持ったマネジャーはおそろしいほど少ない。

そこで、傑出した人材の扱いについて少し言っておきたいのですが。

――オペラのプリマドンナですね。

プリマドンナ[18]については、なすべきことは明らかであり、いたってシンプルです。

オペラ監督というものは、彼女たちがオペラハウスを客でいっぱいにしてくれる限り、その癇癪《かんしゃく》の面倒をみるために報酬を得ているのです。

――しかし、常にプリマドンナ・クラスが揃うとは限りません。並みの演者ばかりの時

18 ドラッカーは、しばしばバレエ団やオーケストラを例に挙げる。傑出した才能を持つ人材は世の中に存在するが、いつもそうした人材が自分の組織やチームにいるとは限らない。むしろ、稀である。

はどうしますか。

オペラ監督の仕事は、傑出した演者が最高の演技ができるようにすることです。そのために報酬を得ています。ただし、そのような状況は稀であり、ほとんどの場合、やってくるのはプリマドンナではなく、普通の人材というのが現実です。

私はいつも、優れた人材を手にするにはどうしたらよいかと聞かれるのですが、そのたびに、優れた人材を手にすることなど、そうはできませんよ、と答えています。

マネジャーは手に入れられるもの、つまり普通の人材によって大きな成果をあげなければならないということです。

優れた人材を求めてばかりいるのなら、それは、ごく普通の人材に傑出した成果をあげさせるという、本来、マネジャーがなすべき最も重要な仕事から逃げていることになります。

第3章

上司をマネジメントする

How To Manage Your Boss

上司はマネジメントするもの

――あらゆるマネジャーに共通する最大の問題は何でしょうか。

簡単な質問ですね。それは上司です。私が知っているあらゆるマネジャーが、上司のマネジメントが一番難しいと言っています。ところが、**上司のマネジメント**[19]に取り組んでいるマネジャーは、ほとんどいません。

――おっしゃるとおりです。誰もが上司が問題だとこぼしているのに、それでいて何もしていません。

成果をあげる者とあげない者の差がはっきり出てくる数少ない領域です。上司に困っている、上司が無能だとこぼしているだけの者は、結局は何もできないで終わっています。

19 仕事の仕方は人それぞれ。上司のタイプを知り、その強みを生かすことが、自分自身の成果につながる。『経営者の条件』『プロフェッショナルの条件』に詳しい。

仕事のできる者は一目瞭然です。上司をマネジメントするために、必ず何かしています。実に簡単なことです。

――上司をマネジメントすることと、上司に取り入ること、機嫌を取ることとは別ものですよね。

もちろんです。そのうえ、上司との関係に気をつけることは、仕事をしていくうえでの本題でもありません。

上司も一人の人間である

たしかにマネジャーが何をできるかは、その上司次第という面もあります。

しかし、ここで知っておくべきことは、第一に、上司もまた一人の人間だということです。一人の人間として扱われることを求めているのです。

怪物でもなければ、天使でもない、人として扱われるべき一人の人間なのです。したがって、機嫌を取った方がよい人間であることもあれば、機嫌など絶対に取ろうとしてはならない人間であることもあります。

第二に、いかに有能な上司であろうと、読心術など知るよしもないということです。したがって、あなたが何をしようとしているかは、あなた自身がはっきり伝えなければなりません。

第三に、たしかに上司があなたに割いてくれる時間は、十分ではないかもしれません。しかしたいていは、最大限の時間をくれているものです。したがって、その時間を有意義なものにするのは、あなた自身の責任です。

そして第四に、見くびることは、買いかぶることよりもはるかに危険だということです。部下として絶対に犯してはならない最も深刻な過ちが、上司を見くびっていることを当の上司に知られることです。

いずれもきわめて簡単なことであるにもかかわらず、このことを心得ているマネジャーはほとんどいません。実践しているマネジャーに至っては、もっといません。

——では、どうしたらよいかについて具体的に教えてください。

読み手か、聞き手か

まず、あまりに初歩的なことでいつも驚かされていることがあります。

人間には、右利きと左利きがいるように、物事の理解の仕方において**読み手と聞き手**[20]がいるということを誰も知らないのです。

したがって、上司について最初にするべきことが、どのように仕事をしているか、どうすればエンジンがかかるのかを知ることです。

上司が読み手だったとしましょう。その典型が、ドワイト・アイゼンハワー（アメリカ第三四代大統領）と、ジョン・F・ケネディ（第三五代大統領）で

20 強みと同様、仕事の仕方も人それぞれ個性がある。世の中には読む人間と聞く人間がいるが、両方できる人はほとんどいない。『明日を支配するもの』（上田惇生訳、ダイヤモンド社、一九九九年）に詳しい。

した。彼らには、決して口頭で報告してはなりません。用意したメモに目を通してもらってから、口を開かなければならないのです。

他方、聞き手の典型が、フランクリン・ルーズベルト（第三二代大統領）であり、ハリー・トルーマン（第三三代大統領）でした。書いたものを届けるなどとんでもない。部屋に行くのです。部屋に入ったら、まず口頭で報告するのです。部屋を出る時はメモを残してもかまいません。

お世辞もよろしい

上司がお世辞に満更ではないタイプだったとしましょう。時折は、力づける言葉を口にすればよいのです。

逆に、私のようにお世辞に居心地の悪さを感じるタイプもいます。私は刊行されたばかりの本を褒められるのは、あまり好きではありません。何と返事をしたらよいか分からないのです。しかし、上司が喜ぶなら、お世辞を言うのもよろしい。

私のようにデータが好きなタイプであれば、一五〇ページの統計を持ち込んでもよい。ですが、一ページにまとめた結論を欲しがる上司もいます。そうした人には、結論は一ページにまとめなければなりません。

上司もまた人間です。人間を変えることはできません。彼なりの流儀を認めなければならないのです。

上司が力を発揮できるかどうかは、あなた次第[21]です。そのためには、なにより上司を理解しなければなりません。

――上司をマネジメントすれば、仕事がしやすくなりますね。

あなたの打率も大幅に上がることでしょう。

ちなみに、言葉づかいにも注意を払うことが必要です。私自身の例を紹介しましょう。

21 なぜ部下は上司の強みを生かし、昇進を助けるべきなのか。ドラッカーは「上司が昇進できなければ、部下はその後ろで立ち往生するだけ」「その上司が更迭されても、（あなたではなく）外から来る者があとを継ぐ」と、世の常を冷静に説く。「現実は企業ドラマとは違う」のだ（『経営者の条件』に詳しい）。

昔、非常に働きやすい上司と仕事をしたことがあります。しかし、その人に管理という言葉だけは絶対に使ってはならなかった。彼にとっては、管理とは最悪の言葉だったのです。

管理という言葉を耳にした途端に、すべての思考がストップするかのようでした。その後ひと月というものは、口さえ開けば、管理の悪口でした。

当時の私の仕事は、補佐役として、この人のために働くことでした。つまり、この人が主役であり、この人の流儀に合わせていかなければ、そもそも私の仕事は成立しえなかったのです。

言わなければ分からない

——とはいえ現実には、上司も人の子だと頭では分かっていても、つい以心伝心で理解してくれているものと思ってしまいます。

そう思ってしまうのは、上司についてだけではありません。

子どもは、親が読心術をマスターしていると思い、親もまた、子どもが親の気持ちを分かっているはずだと思ってしまう。先生は、生徒が先生の気持ちを分かっているだろうと思い、生徒は、先生が生徒の気持ちを分かっているものと思ってしまう。

実は、最も理解を得られない人間心理が、一八八〇年頃に行なわれた近代心理学の最初の洞察、「当たり前のことは、誰にとっても当たり前なのではない」でした。今なお、この真実を受け入れることのできる人は、めったにいません。

しかし上司との関係を考えるにあたっては、このことを頭に入れておいた方がよいでしょう。

あなたがしようとしていることを上司に教えるのは、他でもない、あなた自身の役目です。あなたが何を必要としているかを教えるのも、あなたの役目です。彼にしてもらいたいことを彼に教えるのも、あなたの役目なのです。

問題を隠してはならない

タイプを問わず、あらゆる上司に通用するタブーがあります。
それは、問題を隠そうとすることです。象をカーペットの下に隠そうとしてはなりません。

――実際には、多くの人が隠そうとしますね。

そうです。

――とくに、上司から隠そうとする。

私がまだ二〇代の頃です。賢人とも言ってよいCEOが、私の机のところへ来て、「ドラッカーさん、またやってしまいましたね。問題を隠しては駄目で

ダイヤモンド社のマネジメントプログラム

ドラッカー塾™

トップマネジメントコース
エグゼクティブコース
マネジメント基本コース

マネジメントを発明した偉大な巨人、故ドラッカー教授の優れた理論に基づいて、経営者、経営幹部、マネジャーがマネジメントの基本と原則を学び、実践するプログラムです。クラスルーム講義、検討課題を持ち寄り行う徹底したディスカッション、学んだことの整理・実践、eラーニングによる自己学習により進められます。

世界最強の経営理論を
学び、考え、実践する
マネジメントプログラム

詳しくは
http://www.dcbs.jp/
をご確認ください。

●CEOおよび実質的なトップ経営者限定

トップマネジメントコースは1年間のプログラム

1. トップが身につけるべきマネジメントスタイル
2. われわれの使命（事業）は何か
3. われわれの顧客は誰か
4. 顧客にとっての価値は何か
5. われわれにとっての成果は何か
6. われわれの計画は何か
7. われわれは何を廃棄すべきか
8. イノベーションで成功するには
9. われわれの組織体制はどうあるべきか
10. 仕事の生産性を高めるには
11. 目標による管理とは
12. リーダーシップとチームワーク

(株)ダイヤモンド社 ドラッカー塾事務局
TEL.03-5778-7231／FAX.03-5778-6617
e-mail：dcbs-djt@diamond.co.jp

マネジメントを体系的に学び身につける

http://www.dcbs.jp/　ドラッカー塾

●役員・経営幹部対象

エグゼクティブコースは6カ月間のプログラム

第1回：トップマネジメント・チームの重要性

第2回：われわれの使命（事業）は何か

第3回：われわれの顧客は誰か。顧客にとっての価値は何か

第4回：われわれにとっての成果は何か

第5回：われわれの計画は何か

第6回：イノベーションで成功するには

●マネジャー・幹部候補対象

マネジメント基本コースは3カ月間のプログラム

第1回：強みによる貢献

第2回：リーダーシップとチームワーク

第3回：成果と意思決定

【お問合せ】株式会社ダイヤモンド社 ドラッカー塾事務局

e-mail：dcbs-djt@diamond.co.jp

〒150-8409　東京都渋谷区神宮前6-12-17　TEL.03-5778-7231／FAX.03-5778-6617

ダイヤモンド社

す。もう一度やったら、辞めてもらわなければなりません」と忠告してくれました。おかげで私はそれ以来、問題を隠すことは決してしませんでした。

若い頃は、隠しておけば問題は消えるだろうと考えてしまうものです。たしかに問題は消えるかもしれません。しかし、消えないかもしれません。消えなかったら、それこそ大問題に発展します。

不意打ちだけは禁物

もし私があなたの上司だったら、問題の発生のみならず、どう対処するつもりなのかまで言ってほしいと考えます。

しかし私の友人の中には、何が起こったかを説明し、「悪化するようなら報告します」とだけ言ってくれればよいという人もいます。どう処理するつもりかまで聞く必要はないというのです。

上司によって、どこまで言うかは変わってよいのですが、不意打ちだけは絶対に避けなければなりません。

うまくいったことを大袈裟に報告したり、うまくいかなかったことを控えめに報告したりすることは、大した問題ではありません。

だが、不意打ちはいけません。上司にも上司がいるのです。

――しかも、すでに手遅れかもしれません。

問題がこじれる半年前ならば、先方と二十年来の付き合いがある上司の上司を引っ張り出し、ディナーかゴルフで修復できたかもしれません。それが今となっては、信頼関係は完全に壊れてしまっているわけです。

大事なのはバランス

――上司が忙しすぎて報告をためらうこともあります。こんなことで時間を取らせては申し訳ないと思って。

大事なのはバランスです。上司の時間を独占するわけにはいきません。しかし、助力を得るなら、間に合ううちに得る必要があります。難しい問題です。

そこで一つ、きわめて健全、そしてきわめて賢明なドイツの箴言《しんげん》を紹介しましょう。

「ご主人様には、二度呼ばれてから顔を出す」。なかなか含蓄があるでしょう。

一方には、上司が時間をくれないという苦情があります。これも事実です。ところが同じマネジャーが、部下たちが時間を取るとこぼしています。これまた事実です。加えて、自分が片付けるべき自分の問題があります。

したがって賢いマネジャーは、上司の時間をどう使わせてもらうかを考えます。上司が時間をどう使っているかに合わせて仕事をします。

そうしていざ、上司の部屋へ行く時は、徹底的な準備を怠りません。会う時間の一〇倍の時間を、準備に費やすのです。

万端の準備を整えておく

——上司に時間を取ってもらう時は、万端の準備をして、あらゆる事実と数字を頭に入れてから会うのですね。会ってからちょっと電話させてくださいとか、すぐ調べますとか言ってはならないと。

準備はやりすぎて困ることはありません。ですが、あらゆる数字を頭に入れておくことは、可能でもなければ、重要でもありません。

しかし、上司に会って何を得たいかについては、徹底的に考えておかなければなりません。何のために会うのか。何を決めてもらいたいのか。何について助言を求めているのか——。

「今日は決めてもらいたいことがあって来ました」

「今日はお聞きしたいことではなく、お知りになりたいであろうことをお耳に入れるために来ました」

「この間お決めになられたことがよく理解できず、したがって、何をどうしたらよいかが分からないので来ました」

上司には時間がないのです。たとえ一〇分間でも、何の成果もない時間を過ごさせてはなりません。

――書いたものを残してくることも必要でしょうか。

そのとおりです。

――上司との付き合い方、決定のしてもらい方、不意打ちが引き起こす事態、とりわけ上司への敬意について多くを学べました。

繰り返すようですが、上司を見くびるなど、とんでもないことです。

――逆に、上司を買いかぶるとどういう問題が生じるでしょうか。

何も問題は生じません。失うものは何もないのです。むしろ人を買いかぶっていれば、友達もたくさんできるはずです。

上司を棄《す》てる時

何ごともマネジメントにおいて重要なのは、いつ**廃棄**[22]するかです。それは上司のマネジメントについても当てはまります。

倫理的に受け入れがたい上司を受け入れる必要はありません。さもなければ、あなた自身がやがて腐敗してしまいます。

そのような上司とは、縁を切るしかないのです。会社を辞めて他を探すべきです。育ちざかりの子どもが三人もいたら、容易には決断できないでしょうが……。

22 時間と資源は限られているからこそ、成果をあげるためには廃棄すべきものを廃棄し、集中することが不可欠なのだ（『経営者の条件』より）。

――それでも、自分のキャリアのために必要です。

精一杯やってきた――そう思えるのであれば、辞めて新しい道へ進むべき時かもしれません。

誰にも上司はいる

――上司の問題は、よく起こることなのでしょう。誰にも上司はいるわけですから。

そうです。誰もが上司を持っています。

社長にも、上司がいます。取締役会、あるいは株主です。規制当局とか、諸々のアウトサイダーもそうです。病院長にとっては、病院の理事会が上司となります。

アメリカ大統領さえ、上司を持っているのです。有権者であり、議会です。上司を好きにならなければならない、というわけではありません。称賛しなければならないわけでもないし、もちろん、嫌わなければならないわけでもありません。

しかし、上司はマネジメントしなければなりません。あなたが成果をあげ、自己実現するための助けにしなければならないのです。あなたと上司の双方が成功するための一助としなければならないのです。

第4章

スペシャリストをマネジメントする

How To Be Effective With Your Peers

組織の実態[23]

仕事にしても情報にしても、そのほとんどは、組織図上の線に沿って流れているわけではありません。マネジャーの時間記録を調べてみれば、実際に時間を使っているのは、直接の部下や上司ではなく、他部門の人たちであることが明らかとなります。

ところが、その重要性を知っていながら、こうした関係について考え抜いている人はあまりいません。チーム型組織やマトリックス型組織など、仕事と情報の流れに沿って仕事が行なわれる組織は増える一方なのですが。

——横や斜めの関係が重要になったということでしょうか。

そうです。しかも、ちょっとした工夫で問題は防げます。大袈裟なことは必要ありません。だが、こじれれば厄介なことになってしまう。

23 ドラッカーが明確に組織という言葉を使用したのは一九四六年の『企業とは何か』だが、その伏線は一九四二年、三三歳で著した『産業人の未来』に現れている（共に最新邦訳は、上田惇生訳、ダイヤモンド社、二〇〇八年）。

ゼネラリストはいない

——今日では、仕事で関わりを持つ人の多くが〝スペシャリスト〟[24]となっています。自分自身が知らないことについては、その専門家と付き合うことになります。指示はできませんし、やってもらいたいことについては、お願いするしかありません。コミュニケーションが万能とされていた時代には、横や斜めの関係の不調も、すべてコミュニケーションの問題とされていました。

しかし、それでは「亡くなったのは命がなくなったからだ」と言っているようなものです。何も説明していません。

たしかにコミュニケーションの問題ではありますが、いったい何がコミュニケーションを間違わせるのでしょうか。よいコミュニケーションとはどういうものなのでしょうか。

今あなたはスペシャリストという言葉を使いましたが、実のところ、この世

24 ドラッカーは一九五〇年代にすでにスペシャリスト（専門職）の存在を指摘していた（『現代の経営〈下〉』）。その地位や処遇といった新たな課題が発生し、組織もチーム制や成果中心の組織など新たな形態が模索されたことは、『マネジメント〈中〉』に詳しい。

にいるのはスペシャリストばかりです。ゼネラリストなる者はいないのです。したがって、あらゆる人間が、自らの専門知識を、全体、事業、組織に統合しなければなりません。

わが部門の顧客などというものは存在しません。わが専門知識の製品などというものも存在しません。あるのはすべて、コストを生じるだけのコストセンターです。

専門知識は他の専門知識と統合され、成果に結び付けられない限り、意味をなさないのです。

あらゆる仕事が専門化した

——ゼネラリストはいないとおっしゃいますが、組織の上位層になればなるほど、自分の専門分野よりも組織全体を見ることが重視されませんか。

何ごとも第一段階を飛ばして第二段階へ進むことはできません。

第一段階とは、周りとの関係をつくり上げる段階です。情報、知識、製品、動機づけ、視点、評価について、こちらからのインプットを必要としているのは誰か、逆に、こちらは誰からのインプットを必要としているか。

これは、答えが見つからないほどの難問ではありません。自らに問いかけさえすれば、ほとんどの人が答えを見つけることができるはずです。

だから私は、とにかく書き出してみなさい、と言うことにしています。そうすれば誰でも心当たりの人を訪ね、聞くことができるようになります。

セールス・マネジャーであれば、自分にとって重要な情報が経理部にありそうなことに気づくでしょう。そこで、「ジョー、こういう情報はないだろうか。できればこういう形でもらえればありがたいのだが」と依頼します。

するとジョーは、まったく驚いたという顔をして、「どうしてもっと早く言ってくれなかったのか」と言うはずです。「ずいぶん前から一番下の引き出しにしまってあったのに。欲しいと言ってきたのは、あなたが初めてだ」と。

スペシャリストとの関係をマネジメントするには、まず自らが徹底的に考え抜かなければなりません。コミュニケーションの専門家を待ってはいられないし、助けにはなりません。情報システムの専門家を待ってもいられないし、やはり助けにはなりません。

それはあなたの問題であり、あなたが責任を持って対処しなければならないのです。あらゆる仕事が専門化したという現実に対処するには、それしか方法はありません。

専門化それ自体は、いかなる成果ももたらしません。専門知識を全体の成果にまとめ上げるのは、マネジャーであるあなたなのです。

スペシャリストを、成果をあげる存在とする

——よく、スペシャリストはラインの仕事に不向きだと言われますが。

ラインの人間もまた、スタッフの仕事が苦手だと言われます。どちらに向い

ているかは、なるべく若いうちに知っておいた方がよいでしょう。

しかし、スタッフのスペシャリストと、ラインのゼネラリストという二分法自体が、かなりの時代遅れと言えます。今日ではラインの人間を含め、全員がスペシャリストだと言っても過言ではありません。両者の境界は急激に消えつつあります。とくにチーム型組織において顕著です。

そこでのマネジャーの仕事とは何か。

もしあなたがマネジャーとして、熱力学のことしか知らないスペシャリストを抱えているとしましょう。彼はその道では一流であって、欠くことのできない人材です。しかし、**コミュニケーションができない**[25]。

彼を分かる存在、成果をあげる存在にすることが、あなたの仕事です。マネジャーとしてのあなたが報酬を得ているのは、そのためなのです。

彼はコミュニケーションができない。あなたはできる。だから通訳できる。その意味で、マネジャーとは、ゼネラリストであると言えます。熱力学を知っているからではなく、彼の熱力学を、この組織の役に立つものにする責任を引き受けるがゆえに、ゼネラリストなのです。

25
専門家は、その知識ゆえに高慢となりやすく、しばしば組織に厄介ごとを引き起こす。『ドラッカーの実践マネジメント教室』では、ありがちなケースをドラマ仕立てで紹介し、レクチャーしている。

相手の間違いを断じる前に

――そうであれば、部門間の意見の対立も、建設的に使うことができるでしょうか。

マネジメントの黎明期、米国ボストンに**メアリー・パーカー・フォレット**[26]という偉大な先駆者が現れました。彼女は、組織における最大の問題は、意見の違いを対立として捉えるところにあると指摘したのです。

意見の違いこそ、問題への理解を深める最高の機会です。突拍子もない問題解決策を提案したセールス・マネジャーの過ちを指摘して議論をしても、問題は解決しません。

ここで必要なのは、彼が愚鈍でもなければ、悪意を持っているわけでもないことを認識することです。唐突ともいうべき提案が、問題に対する真面目な答えとして出てきたのはなぜかを考えなければなりません。

答えが間違っていると断じる前に、問いが違うのではないかと疑ってみてく

26 一九世紀後半から二〇世紀初頭に活躍した哲学者、社会活動家。心理学、社会科学の知見を初めて産業組織の研究に応用し、ドラッカーやヘンリー・ミンツバーグ、ロザベス・モス・カンターなどの名だたる経営思想家に影響を与えた。

ださい。そうして、彼はどのような問いを問いかけているのか、どのような現実を見ているのかを考えなければなりません。

その時あなたは、彼が見ているものは、技術上の問題ではないことに気づくかもしれません。彼が見ているのは、顧客との関係だったのです。

「何が問題か」から始める

したがって何ごとについてであれ、「誰が正しい」という観点から問題を考えてはなりません。「何が問題か」という観点からスタートしなければならないのです。

もし意見の対立があるのなら、まず考えるべきは、問題、事実、状況についての見方に違いがあるのではないかということです。

議論をスタートさせ、事実や数字をもって相手の間違いを論証しようとしてはなりません。仕事で成果をあげることと、議論に勝つことを混同してはならないのです。仕事で成果をあげるということは、なされるべきことがなされるようにするというだけのことなのですから……。

したがって、言うべきことはこうなります。

「なるほど。事情に通じた方々に意見の違いがあるようですね。私たちは、違った問題を取り上げ、違った問題を見、違った現実の側面に取り組んでいるようです。しかし、まずこのことから何が分かるでしょうか」

――見方の違いを理解するには、客観的に問題を見なければなりませんね。

客観性はかなりの程度、必要となるでしょう。どの程度かは、例のごとくすっきりとは明示できないのですが。

ただ、客観性と専門性の間に、バランスをはからなければなりません。私の尊敬するある人が、自らの客観性のゆえに、実のあることを何もできなくなるのを、この目で見たことがあります。

彼は常に相手の見方を理解していました。ところがそのために、自らの陣営からは頼りにされなくなっていったのです。

正しい妥協と間違った妥協

マネジャーたる者、時には自らの陣営のために、本当に重要なもののために戦わなければなりません。正しい妥協と間違った妥協とを峻別しなければなりません。

半分のパンはパンである――半分のパンを得たならば、パンを得たことになります。これは正しい妥協です。これに対し、**ソロモンの裁き**[27]における半分の赤ん坊は、赤ん坊ではありません。間違った妥協です。

筋を通すことは、スペシャリストのマネジメントにおいてきわめて重要なことです。客観的であって、もの分かりがよいと評判を取っても、部下からは見

27 二人の母親が、ある赤ん坊を自分の子だと言い争っていた。そこでソロモン王は、赤ん坊を剣で半分に分けて与えよ、と言い渡す。一人はその裁きに同意したが、もう一人は、自分は引き下がるから赤ん坊を生きたまま相手に渡してほしい、と訴えた。そこで、生きたままを願う母親の方に赤ん坊を引き渡したという話。日本では似た話に大岡裁きがある。

放されるでしょう。期待に応えていないからです。働く者は、上司が支援し、かばい、立ち上がってくれることを期待しているのです。

専門化の壁を取り除くには

――とりわけ政府機関に顕著ですが、他の部門が何をしているかについての関心が欠如しています。

政府機関はそうですが、それだけではありません。たとえば、専門化が進んでいる病院もひどい状況にあります。患者のことよりも、それぞれの専門分野のことを考えている。知識の専門化による弊害の一つでしょう。

どうしたらよいのでしょうか。ここでも、何のために報酬を得ているかという、例の基準が役に立ちます。

品質管理を行なっているのは、品質管理のためではありません。何ごとかを貢献するためです。品質管理は目標のための手段の一つであり、しかも目標の方は常時見直していかなければなりません。

加えて、他の分野の人たちと共に働く経験を持たせなければなりません。その点政府機関は、自己中心的な縄張り意識にとらわれやすいと言えるでしょう。他の分野の人たちと働く経験が不足しているからです。

企業は政府機関よりも柔軟性に富んでいます。内部の障壁を取り除くためにタスクフォースを利用することもできます。タスクフォースは、異なるものの見方をする人たちを共に働かせるための装置として使うことができます。

もう一つ、組織の偏狭性に対する抵抗力として効力があるのが、面識があるかどうかです。

「マーケティングが何であるかは知りませんし、知りたいとも思いません。そもそも関心がありません。しかし、マーケティング部門のジムの言うことは分かると思います。一緒に仕事をしたことがありますから」

こうして**面識のあることが、偏狭な島国意識を打ち破る**[28]のです。

28 こうした身近な、しかしいつの時代にもありうる問題をすくい上げて見せるところも、ドラッカーが人間主義の人と言われるゆえん。

スペシャリストは集中してほしい

仕事には**集中**[29]が不可欠です。自分の仕事を放り出して社内をうろつく素人記者はいりません。

化学研究者は化学実験に専念してほしい。製品価格をいくらにするかなどに関心を奪われることなく、ワクワクして実験に励んでほしい。その時間は、大好きな化学実験につぎ込んでほしいのです。

人事管理などは、マネジャーとしてマネジメントに苦労するまで関心を持ってくれなくてよいのです。あらゆることに関心をひかれる者は、組織には必要ありません。

ただしその一方で、それぞれの専門知識を全体の成果とするためにも、他の分野に敬意を持ち、進んで協力できなければなりません。

そのようになるための最善の方法が、タスクフォースで共に働くことです。

今すぐに薬事規制に関心を持ち、詳しくなる必要はないけれど、一〇年後に

29 時間もエネルギーも限られている。成果をあげる秘訣を一つだけ挙げるなら、それは集中だと『経営者の条件』でドラッカーは言う。

は詳しくなっていなければならないかもしれません。

しかし、化学以外のことに対する敬意の念は、早いうちに身につけてほしい。そのためにタスクフォースで、それぞれに偏狭な人たちと共に働いてほしい。

無関心は許されない

許してはならないことがあります。

自分たちオーケストラの土曜日の出来に無関心でいることです。感想を聞かれて、自分はチェリストとしてチェロを弾いていました、と答えることです。

そうした態度は見過ごさず、はっきり指摘しなければなりません。

「それは傲慢というものです。フルートは吹けなくてもよいですが、フルート奏者に敬意は払わなければなりません」

「原価計算の細かいことは知らなくてもかまいません。しかし原価計算というものがあり、それが企業経営上必要なものだということは、知っていなければなりません」

きっぱりと、このように言ってやらなければならないのです。

「わが社では、互いに敬意を払い、助け合わなければなりません」

「人を小突いたり、無視したり、足を引っ張ったりすることは許されません。そのような態度の悪さは、決して許されません」

ずいぶん昔のことです。私は、GMが買収したばかりのディーゼル事業部の会議を傍聴していました。当時すでに七〇歳をすぎていた**スローン会長**[30]が、会議のあと、このように発言しました。

「今日は面白かった。しかし、がっかりさせられた。皆さんの態度が悪すぎる。人に敬意を払ってほしい。誰かをコケにして出世することはありえないことと承知していただきたい。今日の皆さんがそうだった。では、今日はここまで」

その後すべてが、あっという間に変わったのです。

――そうでしょうね。

30 アルフレッド・P・スローン・ジュニア。社長・会長を長年務め、革新的な経営手法の数々によってGMを世界的企業とした。その著書『GMとともに』（最新邦訳版は、有賀裕子訳、ダイヤモンド社、二〇〇三年）は、経営書の古典的名作。

第5章

人事を行なう

The Failed Promotion

人事に真摯さが足りなければ

――三三歳くらいの野心的でエネルギッシュなマネジャーがいて、二つの前職を立派にこなしてきました。新しいポストに就いたのですが、これまでのスキルやエネルギー、知力で十分やっていけそうでした。

ところが三カ月後、雲行きが怪しくなってきました。すでに何度か大きな失敗があり、上司は失望しています。部下たちもこのままではまずいと思っているようです。なぜ、こんなことになったのでしょうか。こうした事態は避けられなかったのでしょうか。

おそらく避けられた事態です。**人事**[31]に真摯さが足りなかったのです。昇進人事の失敗は、意思決定の失敗です。人事を行なった者の失敗であり、人事を行なわれた者の失敗です。後者の方が罪は軽いですが……。

31　人事権が事実上どこにあるかは、組織によって異なるだろう。しかし、経営者が決定するにせよ、部門長の推薦で事実上決まるにせよ、人事はきわめて重要な意思決定であることに変わりはない。

——少し説明していただけませんか。

昇進人事の失敗は、大きく分けて二つあります。失敗の八割は、考えもなしにうかうかとやった結果です。しかし残りの二割は、慎重に考えた結果の失敗です。

後者には、三つの種類があります。

一番多いのが、昇進させられた者が、前職での仕事のやり方をそのまま続けた結果です。

二番目が、新しい仕事が気質的に合わなかった場合です。

三番目が、あまりないことですが、新しい仕事が、普通の人間にはこなせないものになっていた場合です。

三番目のケースでは、仕事の中身を変えなければなりません。誰もが挫折するがゆえに、昔から**「後家づくり」の仕事**[32]と呼ばれています。なぜか事故を多発するという新造船は、「後家づくり」として廃材にしたものです。

32
後家とは未亡人の意。事故多発の仕事を新造船（帆船全盛の頃の死亡事故を起こす船）になぞらえた（『マネジメント〈中〉』より）

人事を決定した者の責任

――昇進させられた人間も、何も考えないでよいわけではない、ということですか。

もちろんです。しかし、一点、強調しておきたいことがあります。

昇進人事が失敗したということは、その人事を決定した者が失敗したということです。したがって、重要なことは、事態を改善する責任は、その人事を決定した側にあるということです。

あるマネジャーが、立て続けに四回か五回、投資案件において決定を誤ったとします。失敗の原因を、景気のせいにして済ませることはできないでしょう。可及的速やかに、決定の仕方を変えさせなければなりません。

昇進人事の決定についても、同じことが言えます。ところが私の知る限り、昇進人事の打率の記録を取っている組織さえほとんどないのです。

――そもそも、人事の成功打率を記録していませんね。

マネジメントの成果をあげるためには、人事の打率において、高い打率をあげなければなりません。昇進人事の決定ほど重要な決定はないからです。

しかしながら、人物鑑定に霊感は効きません。私が知っている人事の失敗が飛び抜けて少ない人たちは、決して特別の能力を持っていたわけではなく、人事の決定においてハウツーを知っていたというだけです。

優れた人事のハウツー

人事の検討は、人から始めてはなりません、なされるべき仕事から始めなければなりません。

「あのポストの仕事は何か」「あのポストに求められているものは何か」。それを考えることが彼らの知る人事のハウツーでした。

そして、一つの人事に何時間も何日もかけていました。決断力に優れた人たちでありながら、独断で人事を決めることは決してありませんでした。

GMのスローン会長は、昇進人事の候補者は常に五人用意しており、しかも、何度も何度も見直していきました。スローンによれば、常に上位に名を出す候補者こそが、本命であるとのことでした。

そこから、その候補者について、何人かでさらに検討を重ねるのです。一人の判断で決めることはありません。さらには、その候補者と共に働いたことのある人たちとも話し合います。

こうして決めた昇進人事が失敗することは、めったにありませんでした。

期待を裏切らないために

――では、そのようにして選ばれた人が、期待を裏切らないために気をつけるべきことは何でしょうか。

新しいポストで失敗する最も多い原因は、それが彼にとって新しい仕事だということを知らないことにあります。

――もし上司が凡庸で、「がんばれ」などという曖昧な助言しか与えられなかったとしたら……。

「がんばれ」と言うのは賛成です。しかし、それが彼にとって新しい仕事だということは付け足しておくべきでしょう。

さらには、「仕事に必要なことが何かを考えるのは、あなたの責任です。しかもそれが、今度の昇進をもたらしたものではないことだけは知っておいてほしい」と伝えなければなりません。

昇進した者はとにかく、新しい仕事に求められていることは何かを、徹底的に考え抜く必要があります。この昇進の心得は、二八歳であろうが四五歳であろうが、変わるものではありません。年齢は関係ないのです。

けれど若いうちは、そのことになかなか気づかないものです。そうした時に助けてあげられるのが、上司です。

ラインの気質とスタッフの気質

――新しいポストが適任かどうかを知る方法はありますか。


適任でないことは、かなり早い段階で分かると思います。失敗の原因が気質的な適性の欠如にある場合です。

たとえば、ラインのポストをいくつかこなした後、初めてスタッフの仕事を与えられた四〇歳の男性がいたとします。突然、まさに人が変わらなければなくなったのです。

現場で決定し、対応し、成果を評価し、部下に指示していた者が、いきなり五年単位で考えなければならなくなったのです。しかもできることといえば、指示ではなく、説得と助言のみ。こうしてほとんどの場合、再起不能なまでに悩んで落ち込むことになります。

逆に、スタッフの仕事からラインに移され、命令することの孤独と、決定することの重荷に押しつぶされてしまう者がいます。これもまた、気質的な問題です。

しかし、このラインとスタッフという二つの世界は、まだ若いうちに経験させておけば、十分に対処できるようになるものです。

これが、多くの組織が、若い者をスタッフの仕事に長く就かせずに、比較的早期にラインの仕事に就かせるようにしている理由でもあります。

逆のことは、ラインの人間についても言えます。三五歳あるいは四〇歳になるまでには、三年ほどスタッフの仕事を経験させておくべきでしょう。

試用期間を設ける、駄目なら元に戻す

——新しい仕事には三〇日ほどの試用期間を設けている組織もあります。本人が合っていないと思ったら、元へ戻してもらえるというこの制度をどう思いますか。

新しい仕事をこなせなかった者を辞めさせないことは、組織として軟弱にすぎるという意見があります。あるいは、組織というものは、社員を降格させる権限を授かっているという神話もあります。

ワンマンぶりがこれ以上はないという経営者がいました。一流の仕事しか認めないという人でした。しかし人事の失敗は、人事を行なった者の失敗であり、元へ戻すことが人事を行なった者の責任だとしていました。

人事の失敗を、人事をされた者のせいにしてはなりません。それは単なる責任転嫁です。必要なことは、人事を行なった者が、自分が行なった人事の失敗の原因を考えることです。

人事がうまくいかないことが分かったならば、ただちにやり直さなければなりません。人事を行なう前、前職の仕事を立派にこなしていたのならば、その仕事に戻す。新しい仕事をこなせなければクビというのでは、誰も新しい仕事に挑戦しなくなるでしょう。

昇進人事を取り消されてなお組織に残るということは、気まずいうえに辛いことです。しかし、傷は思ったよりも早く癒えるはずです。

人を挫折させるポストをつくってはならない

――「後家づくり」のポストに就かされたりしたら、眠れなくなりそうですね。

これについては、私は簡単なルールを見つけました。前職で立派に仕事をこなしていた者が二人連続して挫折したならば、三人目を待つ必要はない、というものです。

そのポストに就かせることのできるスーパーマンを探すなどという無駄な労力は、それ以上すべきではないでしょう。

そのようなポストは、偶然出来たものです。それこそスーパーマンがいたからこそ、その人に合わせてつくられてしまったわけです。一日も早く、仕事の中身の方を変えなければなりません。

おそらく一九五〇年代の終わり頃までは、大企業の国際担当副社長というポストも意味のあるものでした。たいていは輸出業務を中心に、ライセンシング関連の業務が付随していました。

ところが、時代と共に、国際業務が企業全体の二〇〜三〇パーセントを占めるまでに成長しました。そうして、このポストが並大抵の人には務まらない「後家づくり」のポストに化けたのでした。

また、あるナショナルブランドの消費財メーカーでは、マーケティング担当副社長のポストが「後家づくり」のポストとなっていました。販売関連の業務だけでなく、販売促進（セールス・プロモーション）関連の業務も負わされていたのです。

販売関連の業務では、製品を動かさなければなりませんが、販売促進関連の業務では、人を動かさなければなりません。この二つの業務は、完全に別の種類の仕事です。

そのようなポストに人を就けようとしたならば、八カ月ごとに辞令を書く羽目になるでしょう。大々的に副社長の就任を発表した八カ月後には、挫折した副社長が、どこか他の会社で働いていることになるのです。

人を挫折させるようなポストをつくってはなりません。ポストは人にとっての道具であって、ご主人様ではないのです。

「後家づくり」のポストは、設計を間違った殺人ロボットです。しかもどこで設計を間違ったかは、誰にでも分かります。

ポストというものは、誰でも簡単に就けるものでなければなりません。働き者の普通の人間が簡単にこなせるものでなければならないのです。

もし人を就けることが難しければ、人ではなく、ポストの方がどこかおかしいとすべきです。それは間違ったポストです。

――もし二人連続して失敗した後、普通の人間が自分にやらせてくださいと願い出てきたら、どうすればよいでしょう。駄目だと断るべきでしょうか、それともやらせるべきでしょうか。

カトリック教会には、「殉教を志願させない」という実にシンプルな規則があります。素晴らしい規則です。

目立つ者が昇進する悲劇

――昇進人事にはリスクが伴い、昇進させた者と昇進させられた者の両者によって責任はシェアされなければならない、とおっしゃいました。そうしたリスクは、今後大きくなる一方ではないでしょうか。

昇進人事の責任は、一義的に、人事の決定を行なった人にあります。あらゆる決定の責任が、決定を行なった者にあるからです。これからは、ますます人事の決定は、真剣かつ慎重に時間をかけて行なうことが必要になります。

私の見るところでは、昇進人事の失敗の三分の二、あるいは四分の三が、慎重さの欠如によってもたらされています。昇進人事は、ゆっくりと真剣に注意深く行なわなければならないのです。

意識してそのように行なわない限り、単によく目にする人物を選ぶだけのことに終わってしまいます。工場では、目立つ者が昇進させられるのです。

仕事ができ、よく考えていて、部下も育てており、設備の維持補修も万全なジムという人間がいたとします。何ごとも順調に行っているがゆえに、工場長はジムに会ったことがありません。

これに対し、仕事ができないジョーは、何もかも上司におぶさったまま。それでいて工場長の部屋には、一日に二回顔を出しています。「ボス、いつもお世話になります」などと調子のよいことを言うのです。

ある日、急遽昇進人事が行なわれることになりました。よく考えずに行なわれれば、まず間違いなしにジョーが昇進させられるでしょう。そもそも工場長は、ジムなる者がいることさえ知らないのです。

しかしジョーがいることは知っている。ジョーはいい奴だ、頼って来るし可愛いことを言う。彼の弱みは分かっている。仕事はあまりできない。だが少なくとも、彼のことは自分がよく分かっている……。

そうして半年後、人事は失敗だったことが判明するのです。いや、人事が失敗だったのではなく、工場長が失敗したにすぎないのですが。

本来ならば失敗は避けられる

――つまるところ、部下の昇進人事こそ、マネジメントの試金石だということですね。

そうです。昇進人事こそが組織の究極の管理手段なのです。あらゆる意思決定の中で、最も重要で最も理解されやすいものです。

組織に働く一人ひとりの人間にとって、昇進人事ほど重要なものはありません。かつ、組織において、失敗した昇進人事ほど目立つものはありません。

昇進人事の失敗は、人に苦痛をもたらし、組織に混乱をもたらします。苦々しさをもたらし、不満をもたらします。避けようとすれば避けられるものであるにもかかわらず、あまりに頻発しているのが実情です。

真摯に手順を踏んで行なっていないばかりに、昇進人事の多くが失敗しています。それればかりか、「**ピーターの法則**[33]」を持ち出して、人事を行なった者ではなく、人事をされた者に失敗の責任を転嫁しているのです。

「ジョーの昇進は失敗だった。期待外れだった」などと言ってはなりません。「私が人事を失敗した。元に戻すのは私の責任だ。二度と間違わないことも私の責任だ」と言わなければならないのです。

33
「組織において人はおのおのその無能レベルまで昇進する」。ということは、「組織はいつかすべて無能な人々の集団となる」。ユーモアたっぷりに階層社会の真実を示したローレンス・J・ピーターとレイモンド・ハルによるベストセラー。邦訳は『ピーターの法則——創造的無能のすすめ』（渡辺伸也訳、ダイヤモンド社、二〇〇三年）

第6章

必携の六つのツール

Management Basics: The Major Tools

マネジャー必携の六つのツール

――コミュニケーション、管理、評価をはじめ、マネジメントのツールにまつわる文献はそれこそ膨大にありますが、最も重要なものは何でしょうか。

マネジャーとは、一種の職人です。職人たる者、道具箱にツールを揃えています。大工とは違うけれど、いずれも使い方のハウツーを伴うツールです。

第一のツールは「会議」。マネジャーたる者、ツールとしての会議の使い方を熟知しなければなりません。

第二のツールは「レポート」。マネジャーに特有の難物です。役に立つレポートをまとめるコツは何か。読まれ、理解され、使われるレポートはどう書けばよいのか。

第三のツールは「人事」。

第四のツールは「評価」。仕事の出来栄えの評価、そして仕事をした人間の評価です。両者は同じではありません。

第五のツールは「育成」。

第六のツールは「廃棄」。古いものを廃棄せずして新しいものに着手はできません。定型的なことを行ない続けながら、創造的であることは不可能です。製品、サービス、活動等、あらゆるものをシステマティックに廃棄する方法を身につけなければなりません。

――会議を最初に挙げられたのには、驚きました。たしかに会議は、マネジャーがハウツーを学んでおくべきツールですね。しかも最も濫用されている……。

会議――数を抑え、目的を明確にする

会議は、的確に使えばきわめて有用なツールですが、同時に、最も濫用され

ているツールでもあります。使い方を誤れば、実りがないどころか、大きな害を及ぼしてしまう。

今日のマネジャーは、会議に時間を使いすぎています。なかには、朝から晩まで、すべての時間を会議につぎ込む猛者《もさ》までいます。

今まさに結婚しようとしている若い二人への助言は、ただのひと言、「待て」です。会議を開こうとしているマネジャーへの助言も、ただのひと言、「待て」です。

会議に必要なのは、効果的な繁殖制限です。何の策も講じないままでは、会議はウサギよりも早いスピードで増殖してしまう。

つまり、会議の多さは、管理の不足、組織の混乱、思考の不足の現れだと言えます。

会議の数は、抑えなければなりません。会議を習慣化させてはならないし、目的もなしに、いたずらに会議を開くなど、もってのほかです。

関係者全員が行なうべきことを行なった後でなければ、会議を開いてはなりません。

違う種類の会議を同時に開くのも、問題外です。

情報を伝えるための会議であれば、そこで議論はさせません。「質問はありますか。全部分かりましたか。では終わりにします」でよい。

もちろん、情報を出させるための会議もあれば、もっぱら深く考えるための会議もあります。

——体裁を整えるための会議もありますね。事前に決定しておいて、会議で決定したふりをする。

よくあります。しかし、言われるほど悪者ではありません。

会議の出席者たちは、愚か者ではありません。上層部がすでに決定を下したことは分かっています。この場合、会議は一種の通告と承認の場だということです。

「皆さんの意見を聞きたい。ただし、決定はすでになされています。かくかくしかじかです」と正直に言っても、何ら不都合はありません。

――そうですか。不都合はないのですね。

何といっても最悪の会議は、上司一人と部下一人という、二人だけの会議でしょう。

どうしても必要なのであれば、一〇分以下とするか、六〇分以上とすべきです。一〇分以上では焦点がぼけるし、六〇分以下では人間関係は築けません。

レポート――読まれうるもの、役立つものとする

――第二のツールはレポートでした。なにも名文を書けと言うわけではなく、行動に直結する文書を書けということですよね。

私は仕事柄、たくさんのレポートを書いています。

同時に、たくさんのレポートを読む機会もあります。しかし、あえて言いますが、私が読まされるレポートのほとんどは、下書きの最終版でしかありません。完成版とはほど遠いものです。

人は、問題の中身を理解した段階で、レポートを書き上げたものと思ってしまいます。しかしそれは、単にレポートを書く準備ができたにすぎません。「中身は分かった。では、誰に向かって書くのかを考えなければ……」というのが本来あるべき順序です。

古くからの作文の作法で言えば、「まず論理、次いで修辞」です。レポートは何より、読まれなければ意味がありません。そして、マネジメントのツールとするには、読まれうるものにするための見直しが不可欠です。さほど時間はかかりません。

誰に何をさせるためのレポートか。役員会用のレポートか。役員たちにとって重要なことは何か。彼らにできることは何か。こうしたことを確認します。

ここで参考になるのが、軍のやり方です。軍では、誰が読むか、何をしてもらいたいか。それをどう伝えるかを考えて、最終見直しをせよと教えています。

さらには、一ページにまとめよ、と教えています。そこまで凝らなくてもよいですが……。

読み手の多い企業の役員会向けのレポートでは、まとめの部分が四ページになっても問題はありません。

大事なことは、役に立つレポートにすることです。レポートは、それ自体は、文章であって、行動ではないからです。

人事――できる人間が何を担当させられているか

――第三のツールが人事でした。昇進人事（第5章参照）に付け加えるとすると、何がありますか。

私は、新しいクライアントと仕事を始める時には、経営陣に必ず、「最も仕事のできる若い人は誰か」と聞くことにしています。それほど大勢の名前が上がってくるわけではありません。

次に、「その人たちが今、何を担当しているかご存じですか」と聞いてみます。すると、誰も知りません。

そのため、私は担当表まで覗き込んでみます。

そこで分かることとは、ほとんど例外なしに、仕事のできる人たちは、つまらないことを担当させられているか、昨日の問題を担当させられているか、単に難しいことを担当させられている、ということです。あるいは、単に面白そうというだけのことを担当させられています。

最高のセールス担当者が、最も重要な顧客や、最も重要な新製品を担当させられていることは、めったにありません。たいてい、すでに失った顧客、業績不振の顧客、あるいはすでに陳腐化した製品、市場を失った製品を担当させられて、悪戦苦闘しています。

研究開発活動についても同じことが言えます。最も優秀な研究者は、昔ながらの製品を多少なりとも生き長らえさせるために、取るに足らない小さな改善に取り組まされている。その間、真に重要な新製品は放っておかれたままなのです。

評価——成果の評価と人の評価は、別もの

——第四のツールは評価です。成果の評価と人の評価を、はっきり分けていらっしゃいますね。

そのとおりです。この二つは、まったくの別ものです。

成果は、直接評価することはできません。予め設定した基準に照らして評価しなければなりません。

言い換えれば、成果と評価をフィードバックしていくことで、学んでいくものです。

他方、人の評価では、強みを見つけなければなりません。

私は、頑なと言ってよいほど学歴を信じません。何十年も人を観察してきましたが、学歴と成果の間には、相関関係はまったくないのです。

育成──正しい育成が強い組織をつくる

──第五のツールが人の育成でした。最近では、教育訓練こそがマネジャーの仕事だとする声も多いですが、このような風潮をどう思われますか。ちょっと大袈裟でしょうか。


それは、誰に話しているかによります。人の育成が、マネジャーの主たる仕事の一つであることに変わりありません。しかし、人事畑の人には、それほど強くは言わなくてよいでしょう。当然知っているはずだからです。

ラインのマネジャー大勢を相手に話しているのなら、育成こそマネジャーの大事な仕事だと声を大にして言うでしょう。そのようにして目を覚まさせたいと思います。

組織を永続させるには、人の育成が不可欠です。長期計画も必要でしょうし、イノベーションも必要でしょう。しかし、それらを実行するのは、人なのです。未来のために作成した計画が正しいという保証はありません。未来のことは誰も知らないからです。計画を修正する人間が、必ずや求められてきます。

したがって、人の育成がマネジャーにとって重要なツールとなります。

どんな形であれ、人の育成は行なわれます。どんな組織もマネジャーも、育成から逃れることはできません。そこには、正しく育成するか、間違って育成するかの違いがあるだけです。

組織において、人は育成されます。なすべき仕事があり、育つべき土壌があり、範とすべき上司がいれば、人は育成されます。

組織は、大袈裟に言えば、人間の培養基《ばいようき》と言えます。組織で人は大きくも育つし、ねじ曲がっても育つ。しかも、人を正しく育成しても、間違って育成しても、労力やコストはさして変わりません。

――育成上、将来性のありそうな若者にかけるべき言葉は何でしょうか。

若者の将来性について何か言うことは、許されざることです。神様にでもなったつもりでしょうか。

――抵抗感がありますか。

大いにあります。私は、試験で点数をつけます。しかし、会社のリクルート係が送ってくる「彼は上級役員になれると思うか」といった類の質問には、絶対に答えません。それは、私には知りようのない、実にいろいろなことによって決まるからです。

私に言えるのは、その学生の今現在について、だけです。論文は上出来であって、Aプラスだ。しかしそのことと、彼の一〇年後のこととは、まったく関係ありません。

今の就職活動がうまくいくことを願っていますが、私が神様の役を演じることはありません。もちろん、チャレンジの機会は与えたいと思っています。

若者の育成に欠かせない四つのポイント

若者の育成においては、四つのポイントがあります。

第一に、「チャレンジする機会」を与えることです。人は誰しも、三〇歳前に、二種類の経験を持つべきです。

一つは、自分の能力を超えた仕事に取り組まされる経験です。自分の能力では覚束ないと承知しているからこそ、その仕事を成し遂げることが意味を持ちます。

もう一つは、失敗に見舞われる経験です。そうして人生には、失敗というものが存在することを知る。しかも、失敗しても死ぬわけではないことを知り、若干謙虚たるべきことも知ります。

神様に愛でられているならば、その失敗も早いうちに経験させてもらえるでしょう。四五歳になってから初めて失敗するようでは、回復するのも大変です。二七歳ならば、たとえ大怪我であっても回復できます。深刻な傷は残りません。

第二に、成果の基準を用意することです。成果としてどの程度のものが求められているかが分かるようにしてやることです。

第三に、成果を一つの仕事で判断しないことです。二つ、三つの仕事での成果を見てやらなければなりません。たった一つの仕事では、その若者が何に秀でているかを知ることは難しいからです。個性としての気質を見ることもできないし、強みをフルに発揮するにはどのように変わらなければならないかも分かりません。

第四に、人事を丁寧に行なうことです。その若者が、**所を得られる**[34]ようにすることです。いかに手順を踏んで慎重に人事を行なったとしても、巡り合わせのようなものは、どうしても残ってしまいます。

就職の段階では、いかに優秀な若者でも世の中のことはほとんど知りません。組織の方も、その若者のことはほとんど何も知りません。大学での成績ぐらい

34 **適材適所は組織人事の基本だが、ドラッカーはそれをセルフマネジメントにおいても行なうべきだとしている。自分の強み、仕事の仕方、価値観は、仕事の経験を積むことで明らかになってくる。それを適所で発揮してこそ、成果をあげることができるというわけだ。**

のものです。フランス語の不規則動詞をどのくらい知っていそうか、語学教師への適性ぐらいのことしか分かりません。

若者が就職すべきところに就職し、得るべき所を得る確率は、あまり高くはありません。彼なり彼女なりが得るべき所はどこか。ほとんどの場合、あちこちを経験した後、自分なりのニッチに落ち着くことになります。

しかしそれは、長く、かつ傷つく道です。助けてやれるし、助けてやるべきです。

育成コースは、補完剤にすぎない

――育成コースとしては、どのようなものが必要でしょうか。

ここにきてようやく、「いかなる育成コースを用意すべきか」という、通常の育成プログラムが最初に聞いてくる問いに辿り着きました。しかし私は、その種の問いは、最後に考えるべきものだと思います。

育成コースは、育成のサプリメント、すなわち補完剤にすぎません。ビタミン剤としては有効であったとしても、主食とはなりえません。

とはいえ、マネジャーとして成果をあげさせるには、育成を考えないわけにはいかないでしょう。なぜなら、育成とは、強い組織をつくることに他ならないからです。

しかも、それほどの難事ではなく、多くの時間を要するわけでもありません。

――上司が部下のために行なうことすべて、部下との日常の関わりのすべてが、育成だということですか。

そのとおりです。マネジャーたるものは、模範とならなければなりません。

もし私がとくに評価している若者だったら、見習ってほしい人物の下につけてやりたいと思います。上司は範となるからです。

廃棄――定期的に廃棄する仕組みをつくる

あらゆる生き物と同様、あらゆる組織体が廃棄を必要としています。さもなければ、毒素が溜まり、本体全体が腐ってしまう。

マネジャーたる者、数年に一度、あらゆる製品、あらゆるサービス、あらゆる活動、あらゆる手続きについて、「もし今これをやっていなかったとしたら、今これから始めるかどうか」を審査する仕組みをつくらなければなりません。

そして、その答えが「否」であるならば、「いかにして止めるか」を問い、ただちに止めるべきです。

体系的廃棄[35]なくして組織の健全さは保てません。これこそまさにマネジメント上のツールです。

廃棄とは、組織そのものにとって、あるいはマネジメントにとって、人事とも密接な関係を持つ、衛生管理の初歩と言えます。

誰が何を担当させられているかを精査しさえすれば、廃棄の候補とすべきも

35 人であれカネであれ、すべての経営資源・リソースには制約がある。何かを廃棄しなければ、新しいことは始められない。イノベーションは起こせない。思いついた時に捨てるのではなく、捨てることを仕組み化し、かつ習慣化することがポイントである。

のはただちに明らかになります。仕事のできる人間が担当させられているものが、いかなる成果も期待しえない廃棄候補だったりします。

こうして廃棄候補を見つけ、実際に廃棄していくことこそが、組織の衛生学の第一歩です。

――これでマネジャーの道具箱を点検できました。

大工の道具には哲学的な要素はありません。しかし、それらの道具がなければ腕の振るいようがありません。

ここまで話してきたことにも、哲学的な要素はほとんどありません。しかし、それらの道具がなければ、マネジャーも自分の仕事はできないのです。

マネジャーたる者、自分がこれらのツールにどれだけ依存しているかを認識し、いかに効果的かつ容易に使うかを考えなければなりません。

第7章

生き生きと、生きるために

Self-Renewal And Growth

増えるマネジャーの病気

生き生きと[36]働き、最前線で活躍し続けることを、もっと重視しなければなりません。

問題は、変化が急になったことにあるのではなく、定型的な仕事が多すぎることにあります。そのため、疲れ、飽き、眠くなっている。

これからは、マネジャーの仕事がチャレンジングになっていくだけに、由々しき事態と言えましょう。

――ほとんどの仕事が一年か二年で身につけられるものです。その後は、繰り返しがあるだけです。

一年か二年かは知りません。しかし、二〇年でないことはたしかです。

二九歳にして、玩具メーカーで市場調査部の部長になったとします。

36 仕事と労働（働くこと）は根本的に違うというのがドラッカーの持論。「働く者が満足しても、仕事が生産的に行われなければ失敗である。逆に、仕事が生産的に行われても、人が生き生きと働けなければ失敗である」（『マネジメント【エッセンシャル版】』より）。

最初の二、三年は、相当に面白い。その後の二、三年も、満足のいくものでした。ところが、その後は死ぬほど退屈になってしまうのです。

知らなければならないことといえば、玩具とその市場調査のことだけ。ところが、まだ四〇歳にもなっていない。定年にはまだ二五年もある……。

こうして、中年のマネジャーに特有の病気にかかるのです。アルコール中毒になる。家庭生活も怪しくなる。精神科医にかかりつけになる。いずれも進行性の病気です。

しかし、避けられない病気ではありません。予防薬は、仕事、趣味、社会貢献など、いろいろあります。

継続学習の必要性

――仕事で生き生きできなくなったら、どうすればよいでしょうか。

その時、仕事しかなければ問題です。

しかし、中年の倦怠期があまり問題になっていない国や産業もあります。日本では継続学習に力を入れており、**学習曲線**[37]が横ばいになることがありません。たとえ一度カーブが横ばいになっても、ふたたび階段状に登って行く。日本ではそういう職場を多く見かけます。継続学習が、工場、事務所、マネジメントの各層で一般化しているのです。

仕事を改善するにはどうするかを皆で考えていますし、その間の残業代もつけていました。

――アメリカにそのようなものはありませんか。

たとえば、全米マネジメント協会が開催するセミナーなどがあります。そこで他社の担当者と知り合い、たとえほとんど分かっている内容であっても、会社による違いを知ることができます。自分たちは何をしなければならないかを考えることができます。こうしてチャレンジのきっかけを得ています。

37 学習に投入した時間や回数に対する、その効果を示すもの。ラーニングカーブ。

そのような場の必要性を誰もが感じているからこそ、アメリカでもマネジメント教育は盛んなのでしょう。

面白いことに、こうしたセミナーによく出てくる人たちこそ、すでに仕事がよくできる人たちなのです。私もセミナーにはずいぶん協力してきましたが、出てこなくてよい人が出てきて、出てこなければならない人が出てこないと、昔からよく話題になっていました。

出てこなくてもよい人とは、継続学習の責任を理解している人です。昇進できるのは一〇人に一人ぐらいのもので、これからもずっと同じ仕事を続けることになるからこそ、仕事に飽きることのないよう、本気で居続けられるよう、チャレンジし続けられるよう、勉強し続けようと考えています。

――他にも、専門誌の購読や学会への参加がありますね。

専門誌を購読しても、読むとは限りません。読むのは本人次第です。読まなければ職を失うわけではないが、読まなければ自分が仕事に関心を失うからです。退屈し、不幸せになるからです。

チャレンジし、張り合いを持ち続けるためには、継続学習に伴う責任を引き受けていかなければなりません。

大学に戻るという選択肢

――大学に戻ることについてはどう思いますか。


ほとんどの人たちにとって、よいことだと思います。本から学ぶという人は多いでしょうが、学校の方が学べるという人も多いでしょう。

しかし、学校へ行くことが、仕事の代わりになると考えてはいけません。学校へ行くことは、目的のための手段にすぎないからです。

自分に必要なものは何かを、考えなければなりません。学校へ行くことをもって、成果をあげることの代わりにすることはできません。

――学生としてよりも、先生役を務めた方がより多くを学べるという人もいます。

誰もがそうだというわけではありませんが、たしかに、教えた方がより多くを学べるという人はいます。自分がそういうタイプかどうかは知っておいた方がよいでしょう。

私は、優秀な学生に早く学ばせたい時には、他の学生に教えさせます。統計学など勉強したことさえないと抗議してくれれば、だから教えるのだと言ってやります。

一年後、教わった方は何も学べなかったとしても、教えさせられた方は確実に多くを学んでいます。

――若い頃よりも、社会経験を持ったあとの方がより深く学べるとも言えませんか。

バーナード・ショー[38]は、教育は若者相手に無駄遣いされていると言いました。多くの人が社会経験を得たあとの方が確実に多くを学べるようになるからです。

――**その点、成人教育が最大の成長産業になっていることは喜ばしいことですね。**

非常に喜ばしいことです。ただし、他の成長産業と同様、もっと厳しい品質管理が必要でしょう。

成功する転職、行き過ぎた転身

継続学習と並んで必要とされているものに、転職が挙げられます。ふたたび栄養を吸収するために、自らを新しい環境に植え替えるのです。

先ほどの玩具メーカーの市場調査部の部長が、四五歳になりました。部長に

38 ジョージ・バーナード・ショー。アイルランドの文学者、戯曲家、教育家であり社会主義者。一九二五年ノーベル文学賞受賞。代表作『ピグマリオン』は、『マイ・フェア・レディ』としてミュージカルや映画で大ヒットを収めた。

なって一六年。環境を変えるべき時です。

たとえば、地域の病院協会の市場調査部長に転職してはどうでしょう。病院も、市場調査を必要とします。使うスキルは同じです。

玩具の代わりに、まったく違う製品、市場、顧客を相手とするわけですが、仕事の仕方は、ほとんど変わりません。ただ、仕事の舞台が違うだけです。

それでも彼自身が、まったく生まれ変わるのです。意欲がみなぎってきます。かつてはパーティに顔を出すだけだった市場調査学会の全国大会にも、ふたたび何かを期待して参加するようになります。

それにもかかわらず、そのような転職をする人は、まだ少数派です。なぜなら、中年のマネジャーというものは、基本的に臆病だからです。年金の受給資格はある。ストックオプションもある。それでもためらうのです。

おそらく必要なのは、「居場所が違うのではないか」と言って背中を押してくれる友達か、上司か、家族でしょう。

――これまでそのような転職は、危険なこととされていました。

しかし、労働可能年限が伸びているのです。また、中年のマネジャーの経済的な基盤が安定してきています。住宅ローンさえ、まもなく完済できる。転職のリスクは、小さくなっているのです。

そのうえ、現在の仕事や能力に関わりのある転職ならば、成功の確率はぐんと上がります。受け入れてくれた組織の期待にも、楽々と沿うことができるでしょう。

ところが時々、保守的で臆病な中年の大銀行のマネジャーが、私にこんなことを言ってきます。

「大銀行で法人金融担当の副頭取をやっている。だが、もう飽きた。若い頃の夢だった医者になりたいのだが……」

これには、私はあまり賛成できません。転職を含め転身に成功した人たちは、それまでに身につけたこと、学んだことを使っています。易しいうえに、期待にも応えられるからです。

医学部に入るなどという過激な転進には、慎重であるべきでしょう。学生時代に医学部に入りたかった人でも、二〇年経ってみれば、医学部の授業は無味乾燥なものとなっています。五年耐えることは難しい。行動して成果をあげることに慣れてしまった人間が、ただ吸収するしかない時間を過ごすことはできないのです。

これに対し、もし彼が、医師ではない事務長として病院に転職するならば、それまでの半生と決別するリスクを冒すことなしに、初恋の医療を相手にマネジメント能力を発揮しつつ、金融のスキルまで駆使できます。

パラレルキャリアの構築

――現在の仕事に興味を失ったというのであれば、ボーイスカウトの役員としてパラレルキャリアを構築してもよいのではないでしょうか。

仕事以外の関心事が何かによって事情は違ってきますが、現在の仕事に関心を失ったというのであれば、まず、何をおいても転職を考えるべきでしょう。

したがって日頃から、現在の仕事以外のものへの関心を育てておくべきです。ところが、仕事以外に関心を持つことを歓迎しない組織があります。とりわけ企業組織に多い。愚かなことです。

実際のところ、仕事以外のものに関心を持つ者は、挫折しにくいがゆえに、仕事でも優秀なことが多いのです。

誰にでも、辛い時期はあります。しかしボーイスカウトの役員としての仕事、趣味のバイオリンといったものは、毎日を生き生きとさせてくれます。

仕事以外のものへの関心は、企業として歓迎すべきことです。冷たく扱うべきではありません。

――デュポン社のCEOクロフォード・グリーンワルト[39]のハチドリの写真は有名です。

明らかにデュポンでは、仕事以外のものへの関心はマイナスには作用していません。さもなければCEOになれるはずがないですから。

39 デュポン第一〇代目経営者。化学者としてナイロンの開発に従事、マンハッタン計画（第二次世界大戦中の枢軸国の原子爆弾開発計画）の中心メンバーの一人だった。ハチドリの研究家であり写真家でもある。

彼はハチドリの写真に、仕事並みのエネルギーを注いだと思います。仕事以外への関心で一流となる人は、趣味の域を超えた境地にあるのでしょう。

ボーイスカウトのリーダーとなることによっても、仕事とは別の世界を知ることができます。それが人間を磨く。心豊かな、仕事のできる人間をつくり上げる。そして何よりも、生き生きした人間をつくり上げるのです。

外の世界が支えとなる

――広い世界に向けて窓を開け、新鮮な空気を入れる、というわけですね。

五〇歳にもなれば、挫折もあれば、失意もあります。そのような時、心の支えとなるのが仕事以外のものへの関心です。

グリーンワルトがカメラ片手に追いかけたハチドリが、彼に、デュポンのことなど何も知らず、何の関心も持たない学者や、画家や、ミュージシャンのコミュニティを運んできてくれました。

デュポンよりも大きな世界、デュポンよりも大きな自分という世界観を与えてくれたのです。実はそれらのものこそが、組織に生きていくうえで必要とされるものだったのでしょう。

われわれは、個を大事にする何かを必要とします。仕事の外への関心は、明らかにその何かとなるでしょう。

何も仕事以外の関心事で大学者になれ、と言っているわけではありません。今お話ししていることは、地元のボーイスカウトに関心を持ち、その運営に手を貸し、週に二晩か三晩を割いている普通の人について言えることなのです。

人生が延びたからこその問題

――このようなテーマは、最近とみに言われ出しました。

そのとおりです。これは成功に関わる問題でもあります。

これまでは仕事について、人間的な成長や自己実現などが取り上げられたことはありませんでした。あるいは修業を終えた職人が、生きがいを考えることなどありませんでした。

ところが今日の若者は、仕事にチャレンジと自己実現を求めています。しかもそれらのものが、人生の大事な尺度になっています。

このようなことになったのは、労働可能年限が大幅に延びたからです。

一〇〇年前には、仕事に飽きた四五歳は、それで終わりでした。四五歳から先のことには、誰も関心がなかったのです。

ところが今日では、その先に二〇年の仕事人生が残っています。四〇年の人生が待っています。魚釣りで四〇年を過ごすのは辛いでしょう。

これは、現代社会が成功した結果、得られたものです。偉大な成功の成果と言えます。

そして案の定、成功は問題をもたらします。もはやルーティンの仕事をこなしていくだけでは満足できません。情熱、学習、努力を要するものを必要とします。芸術家の仕事と同じです。

ここでマネジャーに思い出してほしいのは、ピアノの巨匠が今なお毎日五時間、練習を続けていることです。しかも、長年弾き続けてきた作品に新たなチャレンジの機会を見出しているのです。

しかし、生き生きと生きる機会を組織に依存することは誤りです。仕事からの挑戦を楽しみ、労働可能年限の延長を楽しむためには、一人ひとりの人間が自ら学び続けなければならないからです。

第8章

乱気流の時代を生きる

Managing In Turbulent Times

The "How to" DRUCKER

生き延びるために必要な四つの心得

――万事が予測不能な今日の状況は、まさに「乱気流の時代[40]」ですね。

ええ、まさに。この乱気流を生き延びるために必要なことは四つあります。
第一に、資源を機会に集中することです。
第二に、資源の生産性を上げることです。
第三に、成長をマネジメントすることです。
第四に、人の育成に注力することです。

資源を機会に集中する

40 この対話が収録された七〇年代は、二度にわたる石油危機が世界を混迷させた。この時代を「乱気流の時代」と名づけ、いかに生き延びるかをまとめたのが『乱気流時代の経営』である（原著は一九八〇年発行。邦訳は、上田惇生訳、ダイヤモンド社、一九九六年）。

マネジャーたる者、真に重要なものに集中しなければなりません。機会を追求するために、脂肪を削ぎ落とさなければなりません。

したがって、第一に必要なことは、自らの貴重な資源を機会に集中することです。自らのエネルギー、時間、人材を重要なことに集中する。そのために脂肪を落とし、昨日を捨てるのです。

資源の生産性を上げる

第二に必要なことは、**資源の生産性**[41]を上げることです。

あらゆる資源の生産性が危機的な状況にあります。ということは、あらゆる資源が不足をきたすということです。その原因は二つあります。

一つは需要サイドです。われわれの眼前にある機会のすべてが資本集約的です。エネルギー、環境、都市開発、輸送、農業など、すべてが資本集約的な課

41 経営資源をいかに生産的なものとするか。生産性はマネジメントの質を左右する決定的要因の一つであり、それが企業間の差をもたらすと、『マネジメント〈上〉』で指摘している。

題です。

他方、供給サイドでは、資金の供給が不足します。先進国では、人口構造の変化を受けて、資本形成が低迷するからです。これまで資本形成の原資となっていた個人貯蓄が、定年退職した高齢者の扶養に回されるからです。

あらゆる先進国において、人口が最も増加する年齢層は、八五歳超人口となります。就労可能年限は延長され、定年による強制退職は、現在の六五歳あるいは七〇歳よりも上になるはずです。しかし、八五歳よりも上になることはないでしょう。

彼ら高齢者が社会の資本形成に参画することはありません。得た金はそのまま消費する。年金は消費財に消費される。個人貯蓄は、経済学者が移転支出と名づけるものとして消費される。こうして、資金は不足していくのです。

同じことは、労働力についても言えます。あらゆる先進国において、第二次世界大戦後のベビーブームは遠い過去のこととなり、労働力人口への新規参入の減少傾向は着実に進んでいきます。その間、貧しい途上国での人口増加は続きます。

したがって、早急に資源の生産性を上げなければなりません。

これまでの組織社会において、マネジャーたちは、諸資源の生産性を高めることによって報酬を得てきました。しかし、生産性の向上は、他の資源の生産性を犠牲にしたものでした。

たとえば、労働力の生産性を上げるために資金を投下してきました。しかし今後最大の問題は、そうした生産性間のトレードオフが不調になることです。

そのような状況にあって、マネジャーは諸資源の生産性を上げるために、あらゆる方策を講じなければなりません。その最初に手をつけるべきものが、資金の生産性です。

簡単なのは資金の生産性、高価なのは時間の生産性

私は、生産性の問題に関しては、常に資金の生産性から取り組むことにして

います。最も容易だからであり、これまで放っておかれたからです。その結果、ごくわずかの改善がきわめて大きな成果をもたらします。

資金の生産性が長い間放っておかれたことには、もっともな理由があります。特に第二次世界大戦後は、資金のコストは低く豊富だったので、誰も真剣に取り組んできませんでした。

しかし、そのような時代は終わりました。マネジャーであれば皆、資金の生産性に取り組まなければなりません。それは容易なはずです。資金には、組合もない、残業代もない、疲れもない、休暇もないのです。

資金の生産性に取り組むには、まず、それが企業や病院のどこに置かれているかを知らなければなりません。ちなみに、資金のマネジメントを最も苦手としているのが病院です。

私は常々、あらゆる組織のマネジャーに対して、五年から八年の間に、同額の資金をもって、二倍の仕事をできるようにしなさいと言っています。

するとたいてい、「それは無理です」と返ってきます。そこで私はこう答えます。「資金の生産性に正面から取り組んでいるところでは、すでに実現しています。企業だけではない。病院でさえ実現しています」と。

一方、あらゆる資源のうち最も高価なものが、時間です。石油でもなければ、プラチナでもありません。とくに**高給の基幹社員**[42]の時間について言えます。セールス担当者、研究者、技術スタッフ、マネジャー、こうした人々の資源は時間です。

セールス担当者が一日に訪問する顧客数を倍増すれば売上げも倍増するというのは誇張にしても、一・八倍にすることはできるでしょう。時間の生産性の向上は、トレーニングプログラムよりもはるかに効果的です。

42 『明日を支配するもの』では、知識労働者の生産性向上は、高度情報化社会において先進国の運命を決める条件であると指摘している。

成長をマネジメントする

乱気流を生き延びるために第三に必要なことは、成長をマネジメントしなければならないということです。

われわれはちょうど、成長がすべてであり、あらゆるものが成長しなければならないとする時代を経験したところです。そのような成長熱はこれまでも何度か、ほぼ五〇年ごとに経験してきました。しかもその都度、ゼロ成長が必然かつ正常であるとする、ゼロ成長期に見舞われてきたのです。

われわれは、成長をマネジメントしなければなりません。象が蟻よりも優れているわけではない。生命力があるわけでもない。単に大きくなることに意味はないのです。

つまり、それぞれがどれだけの大きさを要するかを、把握しておかなければなりません。自らの組織が大きくなる必要があるか、必要があるならどこまで大きくなる必要があるかを知っておくことは、マネジャーの仕事です。

全米をカバーできるだけの販売網が不可欠であれば、その販売網を維持できるだけの売上げを得るために成長しなければなりません。

研究開発のために膨大な数の博士号保持者が必要なのであれば、それだけの研究開発陣を維持するだけの売上げを得るために成長しなければなりません。

これが、成長が必要とされる一つの理由です。

あるいは、市場が成長しているのであれば、市場に合わせた成長が必要となります。そうでなければ、市場内で限界的な存在に追いやられてしまうでしょう。あるいはまもなく、市場から駆逐されることになるでしょう。

しかし成長を続ける市場など、それほどはありません。したがってマネジャーたる者、自らの市場が成長する市場か否かは常に見定めなければならないのです。

成長には三種類ある

成長には種類があります。一二歳の男の子の身長が伸びるのは、健全な成長です。高齢の私が体重を増やすのは、害はあっても益のない不健全な成長です。がん細胞の増殖は、命に関わる悪性の成長です。

マネジャーは、少なくともこれら三つの成長を見分けなければなりません。

ただ、原則は簡単なのですが、使い方はなかなかに難しい。

主要資源の生産性を下げる成長は不健全であり、上げる成長は健全です。生産性を上げもしなければ下げもしない成長は、脂肪太りと言えます。しかし人体と同じように、脂肪はやがて害をなします。腹の出具合は常時監視しなければなりません。

あらゆる製品、あらゆる活動、あらゆる事業について、健全な成長か否かを点検していかなければなりません。

これに対し、資源の生産性を下げる成長は腫瘍であって、しかも悪性です。処置は一つ、摘出手術によって難を避けることです。

しかし個々のケースで何をするかよりも、さらに重要なことがあります。成長それ自体がよいこととは限らない、との理解です。

たしかに、成長を要する場面はあります。しかしそのような時も、成長を生産的なものとして維持していくうえで必要なことは何か、必要とされる資金的な手当てはどれほどかは、検討しておかなければなりません。

成長はマネジメントしなければならない。さもなければ、あらゆる成長が悪性のものへと転化するでしょう。

重要度を増す人の育成

そして第四に必要なことは、人の育成がかつてないほど重要になってくるということです。

人の育成については、多様なプログラムが開発されています。しかし、その重要性を知識として理解していても、自らの責任として正面から受け止めているマネジャーは多くありません。

人を育成し責任ある地位に就けることが、今日ほど求められている時はありません。彼らを生産的な存在に高めることこそが、今日のマネジャーにとって最大のチャレンジです。

増大するマネジャーへの期待

これからの時代が乱気流の時代であるとすれば、マネジャー自身がそのための準備をしておかなければなりません。マネジャーとしての、自らの強みを伸ばしていかなければなりません。

現代は、組織から成る**組織の時代**[43]です。社会的な課題のほぼすべてが、企業、病院、大学、政府機関その他無数の組織によって遂行されています。しかも、大学を出た若者の圧倒的多数、九五〜九七パーセントが組織で働くことになります。

それらの組織のすべてが、マネジャーによってマネジメントされているのです。マネジャーに依存し、マネジャーによって成果を上げているのです。

乱気流の時代においては、マネジャーへの依存は増大する一方です。そもそも社会が、組織の力に依存するようになっているからです。

社会の行方が、明日を見通し、計画し、組織し、資源を配賦し、目標を設定

43 現代の知識社会においては、必要とされる知識がますます高度化、専門化している。そのため一つの知識だけでは成果をあげられなくなる。しかも知識が力を発揮するのは、他の知識とコラボレーションした時である。だからこそ、常々個を重視するドラッカーが、成果においては組織が不可欠だと指摘する。

し、成果を評価し、そして何よりもリードし、マネジメントし、人を配置し、やる気を起こさせ、育成することを知っているマネジャーたちに、依存しているからです。

これから来る乱気流の時代にあっては、マネジャーへの期待は増大する一方です。それらの期待が重圧となるか機会になるかは、マネジャー自身、マネジャーの姿勢、マネジャーの能力にかかっています。

ピーター・F・ドラッカーについて

ピーター・F・ドラッカーとは、疑いもなく、今日最も引用されるマネジメントの大家であって、三つの世界において傑出した存在である。

第一に、マネジメント・コンサルタントである。戦略と経営とトップマネジメントについてのコンサルタントである。これまでドラッカーは、アメリカのみならず世界の代表的企業、中堅企業、中央政府と自治体、大学、病院などの公的サービス機関、各種非営利組織（NPO）の相談相手になってきた。

第二に、著述家である。主たるテーマは政治と経済と社会である。すでに数十年にわたって健筆をふるってきた。有力誌への寄稿も多い。一九七四年には、ベストセラー『経営者の条件』と『断絶の時代』をベースとして、全米マネジメント協会出版部（AMACOM）よりカセットテープ『ドラッカー・オン・

マネジメント』を制作し好評を博した。

第三に、マネジメントの師である。一九七一年より、アメリカのカリフォルニア州クレアモントにあるクレアモント大学院大学で教鞭を執っている。それに先立つ一九五〇年から七一年にかけては、ニューヨーク大学のビジネススクールで同じくマネジメントを教えた。

これらの経験以前には、ロンドンでマーチャントバンクのエコノミスト、イギリスの有力紙数紙の在米特派員、アメリカのバーモント州ベニントンのベニントン・カレッジにおいて政治、哲学を教えた経験を持っている。

ドラッカーは、全米学術会議、国際マネジメント・アカデミー、全米マネジメント・アカデミーのフェローである。加えて全英マネジメント学会の名誉会員である。一九六五〜六六年には全米技術史学会の会長を務めた。

一九六七年には全米マネジメント学会でテイラー・キー、一九六三年にはワレス・クラーク国際マネジメントメダル、一九七二年には国際マネジメント・コングレスよりＣＩＯＳゴールドメダルを授与された。一九六九年にはニューヨーク大学学長章、一九七六年には当協会より会長賞を授与された。

ドラッカーは、一九〇九年オーストリアのウィーンに生まれ、一九三一年にドイツのフランクフルト大学にて、公法と国際法で博士号を取得した。アメリカ、ベルギー、イギリス、日本、スイスの大学より名誉博士号を授与されている。

一九六六年には、日本の産業経営の近代化および日米親善への寄与により、日本政府より勲三等瑞宝章を授与された。また二〇〇二年には、アメリカ合衆国最高の民間人勲章、自由のメダルを授与された。

二〇〇五年、カリフォルニア州クレアモントの自宅で逝去した。

訳者あとがき

マネジメントの師匠たちの師匠

本書はＡＭＡＣＯＭ制作のカセットテープ*The "How to" Drucker*を翻訳して書籍化したものである。二〇一四年にドラッカーの版権管理者ドラッカー・リテラリー・トラストの慫慂《しょうよう》により翻訳、書籍化した『ドラッカーの実践マネジメント教室――経営のリアルな問題をいかにして解決へ導くか』に続く、ドラッカーの音声映像作品の書籍化第二弾である。

ドラッカーは産業革命の果実が、イズムの力では一般個人の幸せにつなげられなかった時、マネジメントを発明して、育てた。しかし、その育ち方はあまりに悠長だった。そのため、マネジメントを育てるためならと、健筆をふるい、教壇に立ち、衛星を使って講演した。

制度改革にとどまることなく、企業、政府機関、非営利等、個々の組織のコンサルティングにも応じた。その姿は、まさに獅子奮迅の勢いだった。カセットテープ、CD、フィルム、DVD、インターネットまで動員してマネジメントのハウツーを教えた。

なぜなら「成果をあげる人とあげない人の差は、才能ではない。いくつかの習慣的な姿勢と、基礎的な方法を身につけているかどうかの問題」(『非営利組織の経営』)だからだった。しかも、「組織をして高度の成果をあげさせることが、自由と尊厳を守る唯一の方策であって、その組織に成果をあげさせるものがマネジメント」(『マネジメント』)だからだった。

今回の書籍化にあたっては、ダイヤモンド社の中嶋秀喜、前澤ひろみ両氏に大変お世話になった。心よりお礼を申し上げたい。

二〇一六年一二月

上田 惇生

［述者］

P.F.ドラッカー（Peter F. Drucker、1909-2005）

20世紀から21世紀にかけて経済界にもっとも影響力のあった経営思想家。東西冷戦の終結や知識社会の到来をいち早く知らせるとともに、「分権化」「目標管理」「民営化」「ベンチマーキング」「コア・コンピタンス」など、マネジメントの主な概念と手法を生み、発展させたマネジメントの父。
著書に、『「経済人」の終わり』『企業とは何か』『現代の経営』『経営者の条件』『断絶の時代』『マネジメント』『非営利組織の経営』『ポスト資本主義社会』『明日を支配するもの』『ネクスト・ソサエティ』ほか多数。

［訳者］

上田惇生（うえだ・あつお）

ものつくり大学名誉教授、立命館大学客員教授。1938年生まれ。61年サウスジョージア大学経営学科留学、64年慶應義塾大学経済学部卒。経団連、経済広報センター、ものつくり大学教授を経て、現職。
ドラッカー教授の主要作品のすべてを翻訳、著書に『ドラッカー入門』『ドラッカー 時代を超える言葉』がある。ドラッカー自身からもっとも親しい友人、日本での分身とされてきた。ドラッカー学会初代代表（2005-2011）、現在学術顧問（2012-）。

【ドラッカー日本公式サイト】
http://drucker.diamond.co.jp/

われわれはいかに働き どう生きるべきか

——ドラッカーが語りかける毎日の心得、そしてハウツー

2017年1月13日　第1刷発行

述　者——P.F.ドラッカー
訳　者——上田惇生
発行所——ダイヤモンド社
〒150-8409　東京都渋谷区神宮前6-12-17
http://www.diamond.co.jp/
電話／03·5778·7232（編集）　03·5778·7240（販売）
ブックデザイン—小林剛（UNA）
製作進行——ダイヤモンド・グラフィック社
DTP———インタラクティブ
印刷————堀内印刷所（本文）、共栄メディア（カバー）
製本————ブックアート
編集担当——前澤ひろみ

©2017 Atsuo Ueda

ISBN 978-4-478-02753-0

落丁・乱丁本はお手数ですが小社営業局宛にお送りください。送料小社負担にてお取替えいたします。但し、古書店で購入されたものについてはお取替えできません。
無断転載・複製を禁ず
Printed in Japan

◆ダイヤモンド社の本◆

20世紀に身をおきながら
21世紀を支配する思想家の全貌に迫る！

翻訳者として30年以上にわたって親交を結んできた著者が、ドラッカーの世界の全貌とその魅力をはじめて明らかにする。この1冊で哲人ドラッカーの考え方を理解できる。

ドラッカー入門 新版
未来を見通す力を手にするために
上田惇生／井坂康志［著］

●46判上製●定価（本体1800円＋税）

【ドラッカー日本公式サイト】http://drucker.diamond.co.jp/

◆ダイヤモンド社の本◆

変化のときこそ、基本を確認しなければならない！

ドラッカー経営学の集大成を一冊に凝縮。
自らの指針とすべき役割・責任・行動を示し、
新しい目的意識と使命感を与える書。

マネジメント【エッセンシャル版】

基本と原則

P．F．ドラッカー［著］
上田惇生［編訳］

●四六判並製●定価（本体2000円＋税）

【ドラッカー日本公式サイト】http://drucker.diamond.co.jp/

◆P.F.Drucker Eternal Collection◆

ドラッカー名著集
名作は、時代を超える

40冊以上にのぼるドラッカー著作のなかから、至高の12作品をラインナップ。
まさに永久保存版となるシリーズです。

1. 経営者の条件
2.3. 現代の経営（上・下）
4. 非営利組織の経営
5. イノベーションと企業家精神
6. 創造する経営者
7. 断絶の時代
8. ポスト資本主義社会
9. 「経済人」の終わり
10. 産業人の未来
11. 企業とは何か
12. 傍観者の時代
13.14.15. マネジメント（上・中・下）

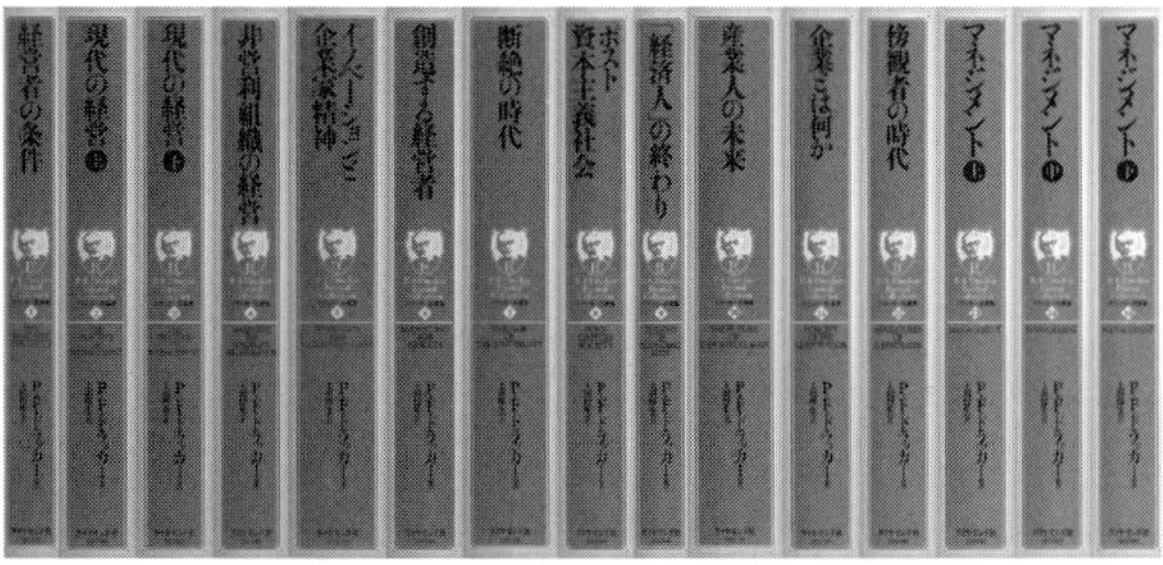

●P.F. ドラッカー［著］上田惇生［訳］●四六判上製

【ドラッカー日本公式サイト】http://drucker.diamond.co.jp/